우산을 받쳐주는 사람
함께 비 맞아주는 사람

비 오는 인생의 계절에 우산을 받쳐주는 사람이 있다는 것은 대단한 기쁨이다.
그런데 비를 함께 맞아줄 수 있는 사람이 있다는 것은 그 사람의 인생에서 최고의 행복이다.

김종인
칼럼집

우산을 받쳐주는 사람
함께 비 맞아주는 사람

김종인 지음

크리스챤서적

머리말

사랑하는 어머니

이번에 제가 쓴 칼럼을 모은 책이 출판됩니다.
교인들과 나누고 싶은 이야기들을 한 7년 정도 홈페이지에 올렸는데 이곳의 중앙일보사에서 그 글을 3년 가까이 고정 칼럼으로 실어준 글들입니다.

사실 그렇게 썩 좋은 글이라는 자신은 없는데 모든 일을 좋게만 생각하는 나두산 목사님의 강권과 크리스챤서적의 임만호 장로님의 배려로 책이 만들어졌습니다.

글을 쓴다는 것은 참 조심스러운 일인데, 더욱 활자화되는 것은 더욱 조심스럽지요.
그러나 제 마음의 진솔함을 담았기 때문에 위선이 느껴지는 일은 없을 거라는 생각입니다.

책을 만든다고 하니 고마운 분들이 생각납니다.
저의 칼럼을 읽으면서 감동되었다고 말해 준 '말씀의교회' 교우들과 신문에 글이 실리도록 애써준 이성은 목사님께도 감사드립니다.

그런데 어머니,
제일 감사한 것은 어머니입니다.
어릴 적부터 가난한 중에도 늘 책을 읽을 수 있도록 많은 책들을 구해주셨지요.
그리고 영화를 열심히 보여주셨습니다.
그래서 풍요한 상상력과 넉넉한 생각을 키워주셨습니다.

이제 제 나이도 쉰 중반에 들었는데
이제야 어머니의 은혜가 생각나기 시작하는, 여전히 철이 없는 아들입니다.
이 책을 어머님께 드립니다.
어머니 오래오래 건강하셔야 합니다.

샌프란시스코의 한 모퉁이에서 아들 드림

2006년 10월
김종인

추천사

김종인 목사의 칼럼집을 읽고,
　또 읽으시기를 권해 드립니다.

문영탁(한국성서대학교 교수)

김종인 목사는 현재 미국에서 목회와 신학교 사역을 하는 매우 활동적인 목사님이십니다.

그래서 사물을 관조한다든가, 자신과 이웃을 돌아보는 기회를 갖는다든가 하는, 예컨대 한가할 틈이 없을 만큼 분주하게 하루를 보내는 분입니다.

그러던 그가 불쑥 이 칼럼들을 내밀었을 때, 저는 매우 당황했습니다.

"아니, 무슨…? 각자 나름대로 제 할 일들이 따로 있고, 그 일을 제대로 하기도 힘이 드는 판에, 남이 하는 짓 흉내는 다 내려고 그러네!"

물론 자신이 매 주일 만들어 내는 주보에다 한 편씩 게재했던 것들이 꽤 모여져서 국내에서 출판을 해 볼까 한다는 말을 들은 적은 있지만, 그것을 실천에 옮기리라고는 꿈에도 생각지 못했습니다. 그래서 나는 놀랐던 것입니다.

20년이 넘도록 교유交遊를 해 오면서, 돈독해진 우정을 감안하더라도 나는 그가 글을 썼고, 쓴 글을 펴낸다는 것은 객기나 만용쯤으로 치부했습니다. 그래서 한동안 그의 원고 읽기를 밀어뒀다가, 무심히 눈에 뜨인 대로 읽어보았습니다.

"세상에, 김종인 목사, 참 놀랍네!"

저의 감상이었습니다.

우선 그의 보편적 성찰이 놀랍습니다. 무심히 지나칠 일상들에 대한 그의 예리한 판단과 분석이 무서우리만큼 철저하다는 점이 나를 놀라게 했습니다. 평소 그의 덤비는 것 같은 행동이나, 세련되지 않은 말투를 익히 아는 저로서는 이렇게 미세한 사고력을 치밀하게 지녔으리라고는 상상도 못했습니다.

나아가 만사에 대한 그의 광범위한 관심의 도度가 지나치리만큼 전문적인 점에 놀랍니다. 예체능은 물론, 역사나 시사 그리고 철학과 문화, 정치, 경제…, 등등 전반에 걸친 그의 식견과 안목이 그의 칼럼 속에 그대로 녹아들어 감탄과 폭소를 자아내게 합니다.

또한 칼럼의 간결한 표현력이 매우 탄탄하고 구질구질하지 않습니다. 스스로도 딸들을 결혼시켜 손들도 보고, 이제는 사설私說이 늘어날 대로 늘어난 '늙은이' 축에 들었음에도 그의 문장력과 표현이 싱싱하고 상큼합니다. 이를테면 '어느 틈에 읽히는 문장 수업'을 받기라도 한 것처럼, 독자를 압도합니다.

마지막으로 그의 칼럼이 갖는 최대의 무게는 '신앙고백'이라는 점입니다. 그의 글 속에 절절이 녹아 있는 자성의 목소리가 그렇게 살지 못하는 신앙인들의 가슴을 옭아매어, 삶의 정황에서 날마다 토해내는 탄식과 비탄을 기도와 찬송으로 바꾸게 합니다. 그리스도와 초점을 맞추게 하고, '나온바 본향'을 사모하게 합니다(히 11:15). 이는 이 칼럼이 갖는 최대의 장점이요 목적일 것입니다.

이러한 이유들로 우리 모두 글을 읽는 시간의 한 궤적에 서서, 결코 해 됨이 없을 김종인 목사 칼럼집의 일독을 강력히 권합니다.

샬롬.

차례

머리말	5
추천사	7
박지성 선수의 발을 보며	16
표지, Direction	18
휴식 공간	20
예배 처소 이전을 위한 준비	22
더불어 사는 삶	24
더불어 사는 교회	27
비 오는 날의 수채화	29
하인즈 워드	31
요즘 맘에 담고 싶은 몇 마디	33
진정한 가치에 눈뜨게 하라	35
가슴 아픈 일	37
이순신 장군을 생각하며	39
우산을 받쳐주는 사람, 함께 비 맞아주는 사람	41
짜증과 민망함의 교차	43

쉴 만한 물가	45
마음의 빚이 있어…	47
지형이에게	49
변하면 안 되는 것	51
우리가 언제 신이 되었네…	53
우울증	55
공감	57
송구	59
느낌	61
한 어린 소녀의 역사 인식	63
칼럼을 다시 쓰기 시작하면서…	65
믿는 것을 어떻게 믿는가?	67
정말 멸시를 받을 만한 이유인가?	69
승화	71
영화 〈그리스도의 수난〉을 말하는 사람들을 보며	73
잉걸	75
포지티브, 네가티브 I	77
포지티브, 네가티브 II	79
프로가 살맛 나는 세상으로	81

노력한다는 것	83
청춘이라고?	85
진실을 본다는 것은…	87
회고	89
노드 I	91
노드 II	93
미안하다고 한마디 하면 되는데…	95
톨스토이와 함께	97
단판 승부	99
포구	101
아쉬움	103
사이먼과 가펑글	105
잔인함	107
너무 쉽게 보는 것은 아닌가?	109
명품	111
오지게 사는 법	113
무엇이 중요한가?	115
거룩, 성결 I	117
거룩, 성결 II	119

거룩, 성결 Ⅲ	121
방황	123
건망증	125
인연	127
푸르른 오월에…	129
바코드	131
등사기의 추억	133
물	135
연약한 자의 신음	137
다른 분위기	139
감동	141
자연 파괴	143
무소유	145
계토	147
소금	149
새해에는…	151
성탄절 유감	153
단풍	155
비	157

순수 시대	159
책 소개	161
임시 교인, 임시 목사	163
10월에 생각하는 일들	165
고! 박찬호	167
〈르 씨랑스〉의 추억	169
용도 변경	171
에피탑	173
횡재	175
새 신발만 있어도 좋은데…	177
변하는 그림	179
부활	181
주변시	183
잊고 있었던 일 한 가지	185
전화번호부	187
겨울 나무	189
공존의 가능성	190
폭풍 속에서	192
사랑을 말할 자격이 나는 아직 없다	194

꼭 있어야 하는 것	196
내가 있는 이 곳이 제일이여…	198
이런 참혹함이…	200
계획은 자기 마음이지만…	202
간격유지	204
여백	206
아버지의 마음	208
정상과 비정상	210
효	213
휘발유 값이 올랐어요	215
혀의 용도	217
이봉주가 보스톤 마라톤 대회에서 우승한 것을 보며	219
정택진이라는 사람	222
의미	224
때로는 쉬고 싶은 때도 있는 법이다	226
변화를 보는 즐거움	228

박지성 선수의 발을 보며

박지성은 축구 선수다. 우리가 잘 아는 대로 그는 2002년 월드컵 당시 한국의 대표 선수였고, 지금은 영국의 축구 리그인 프리미어 리그에서 이영표 선수와 더불어 한국 선수로서는 처음으로 활동을 하고 있다. 이번 2006년 월드컵에서도 한국의 대표 선수를 맡고 있다.

옛날 차범근 선수가 독일의 분데스리가에서 활동할 당시, 차 선수의 경기를 방송사에서 매번 중계할 정도로 인기가 있었는데, 지금의 박지성 선수와 비교한다면 거의 국가적인 차원에서 비슷한 인기를 누리고 있다고 봐야겠다.

그 박지성 선수의 발을 찍은 사진이 인터넷에 올랐는데, 그 발의 모양이 아름다운 것과는 너무 거리가 먼 모습이었다. 온통 상처 투성이에다가 굳은살로 뒤범벅이 되어 있었다.

어릴 적에 내가 하던 중요한 일 중의 하나는 어머니의 발에 박힌 굳은살을 면도칼로 긁어내던 것이었는데, 어머니는 하루 종일 행상을 하셨던 터라(속칭 구제품 장사를 하셨다) 늘 발이 아프시고 굳은살이 박혀 있었다. 우리 어머니는 당시 최고의 인텔리전트였다. 몸매 역시 죽이는 모습이었는데 오랫동안 지니고 계시던 수영복을 입은 어머니의 사진은 뛰어난 미모라고는 할 수 없지만 귀티가 흐르고 허리는 개미 허리라고 불릴 만큼 18인치였다고 한다.

그런 분이 어쩌다가 집안이 기울면서 거리에서 보따리를 이고 다니면서 장사를 했는데, 아마 그 기간이 정확히 기억나지는 않지만 대략 5-6년 정도였던 것 같다. 지난 2월에 한국에 나갔을 때 내가 군대 가서 처음 친구에게 보낸 편지에 어머니의 발에 박힌 굳은살을 누가 벗겨 줄까 걱정하는 내용을 썼었다고 말씀하시며 어머니가 눈물지으시던 모습을 보았다. 그 발의 굳은살 때문에 내가 공부를 할 수 있었던 것이다.

우리는 박지성 선수의 발을 보면서 그의 출중한 기량만 보고 그 뒤에 담긴 뼈를 깎는 고통과 아픔은 보지 못한다.

박지성 선수의 발과 어머니의 발이 오버랩되면서 가슴이 미어지기 시작했다.

그런데

그런 내가 어머니 날에 전화 한 통 드리지 못했다.

표지, Direction

우리는 참 좋은 시대를 사는 것 같다. 컴퓨터를 통하여 경험하는 인터넷의 세계는 우리의 상상을 초월하는 신기한 일들로 가득하다. 평소에는 늙었다고 생각하지 않다가도 컴퓨터를 자유자재로 사용하는 아이들을 볼 때는 내가 늙었다는 생각이 든다. 도무지 엄두가 나지 않는 그 복잡한 것을 신기하게도 잘 다룬다.

인터넷을 통하여 얻는 정보 중에 가장 실용적인 것 중의 하나가 지도를 뽑는 것이다. 출발하는 곳의 주소와 도착 지점의 주소를 입력하기만 하면 거리와 방향, 시간까지 정확한 정보가 줄줄 흘러 나온다. 그래서 아무리 생소한 곳이라도 그 방향을 따라가기만 하면 실수하지 않는다. 더구나 미국은 도로 표지판이 정확하게 세워져 있기 때문에 더할 나위 없이 정확한 여행을 할 수 있다.

그런데 정확한 표지판이 무색한 때가 있다. 기가 막힌 것은 아무리 정확한 지도를 제공해도 여전히 길을 찾지 못하고 헤매는 사람들이 있다는 것이다. 정확한 지도와 표지판이 있어도 그것을 활용하는 사람들이 정확한 눈을 갖지 못하면 길을 잃고 헤맬 수밖에 없다.

이번 신학교의 단기 특강을 할 때도 그랬고, 지난번의 교회 수련회 때도 그렇고, 꼭 길을 잃고 헤매다가 전화하는 사람들이 있는데 그럴 수 있다는 것이 오히려 신통하게 생각된다. 그런데 길을 잃고 전화가 오면 더욱 기가 막힌 것은 자기의 위치를 전혀 모른다는 것이다.

인생이 그런 것이 아닌가? 목표를 상실하고 자기 위치를 잃어버리면 곧 방황이라는 것을 하게 된다.

우리가 예수님이라는 놀라운 축복의 표지를 따라가고 있지만, 내가 곧 길이요 진리요 생명이라는 그분을 제대로 알지 못하면 인생 최고의 축복을 갖고서도 그것을 활용하지 못하는 자들로 전락해 버릴 수밖에 없다.

'말씀의교회'는 하나님이 우리에게 주신 가장 소중한 보배다. '말씀의교회'를 통하여 우리는 하나님이 우리에게 허락하신 축복을 소유하기 위한 참 표지로 활용해야 하는데, 그 소중함조차 모르니….

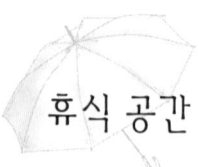

휴식 공간

이사를 한 뒤에도 이사를 끝마쳤다는 말을 하기가 참으로 어렵다.

뒷마무리를 해야 할 일들이 얼마나 많은지… 일을 해도 해도 끝이 없다. 황소같이 일을 하는 학교의 최 교수님도 "아이고" 하고 비명을 지르신다. 일 그 자체가 힘든 것보다는 끝도 없이 계속되는 일로 해서 아마 지쳤다고 표현하는 것이 옳을 것이다. 이런 현상은 주위의 모든 사람들에게도 나타나는데, 내가 보아도 지쳐 있는 모습들이다. (함께 일을 같이 하지 않은 사람들은 이 말이 무슨 뜻인지 잘 모를 것이다.)

문제는 모두가 지쳐 있어서 다른 사람의 투정을 받아줄 수 있는 마음의 공간들을 상실하고 있다는 것이다. 그래서 당연히 화목하고 화기애애할 상황에서도 뭔가 짜증이 섞여 나올 수밖에 없는 모양들이다. 나름대로는 이런 마음의 모습들이 드러나지 않게 하려고 노력은 하지만 인간이란 다 한계를 갖고 있기 때문에 쉽지만은 않다.

사람은 누구든지 자기만의 여유 있는 공간을 갖고 있어야 한다. 그래서 힘들고 지칠 때는 그 공간 속에 들어가서 쉬어야 하는데, 살다 보면 그 공간을 갖는다는 것이 쉽지 않다. 그 공간은 물리적인 공간일 수도 있어서 돈이 있는 사람들은 별장을 따로 가질 수도 있겠고, 혹은 그 공간은 사람일 수도 있어서 힘들고 지칠 때마다 그 사람에게 가서 하소연이라도 하면 속이 풀리는 경우가 있는데 그것이 그렇게 말처럼 쉽지가 않다. 속을 드러내 놓고 말을 할 수 있는 사람이 과연 얼마나 될까?

문제는 이런 공간이 없으면 피로 곡선의 정점에서 쇠가 부러지듯이 넘어질 수밖에 없다는 것이다.

이 공간은 스스로 만들어 내기가 쉽지 않다. 다른 사람들은 어떻게 생각할지 모르겠지만 누군가가 만들어줘야 한다는 것이 내 생각이다.

지금까지 교회와 학교 일에 같이 몰두해 온 많은 식구들을 본다. 조금씩 지쳐 가는 모습이 보여 마음이 아프다. 그들에게 필요한 공간은 분명 내가 만들어야 할 나의 몫이다. 그래, 저 사람들에게 내가 만들어줄 수 있는 공간은 무엇일까?

그런데 나를 위한 공간은 누가 만들어주지?

예배 처소 이전을 위한 준비

새로 이전할 예배 처소의 공사가 막바지에 이르렀다. 아마 2주 정도면 모든 공사가 마무리될 듯하다. 예배당 안에 구비할 성구들이 언제 도착할지 모르지만 한두 달 정도 걸린다고 하니, 예배당의 모습이 제대로 갖추어지려면 시간이 좀더 필요하다.

그동안 들어간 수리 비용이 거의 10만 불에 다다르고(물론 이 비용은 신학교가 부담한다) 이전에 따른 부수적인 비용도 앞으로 들어갈 것들이 만만치 않다. 그 중에서도 가장 고민이 되는 것은 피아노 문제다. 원래 이전 문제에 있어서 교회는 사치해서는 안 된다는 원칙을 늘 지켜온 나이지만, 피아노 문제에 관해서는 꼭 그랜드 피아노를 들여놓아야겠다는 생각이다.

왜냐하면 예배당을 교회에서만 전용으로 쓰는 것이 아니고 평일에는 신학교의 채플과 음악대학의 연주장으로도 활용해야 하기 때문이다. 물론 이것이 큰 이유이기는 하지만, 좀더 근본적인 이유는 이전에 산호세의 어느 교회에서 피아노 소리를 듣고서 피아노만큼은 좀 소리가 좋은 것으로 구비했으면 좋겠다는 생각이 들었기 때문이다.

이 칼럼을 읽는 사람들 중에 혹자는 목사가 은근히 좋은 피아노를 사놓으라고 교인들에게 암시를 준다고 생각할 수 있겠지만 그런 상상은 하지 말기를 바란다. 처음에 피아노에 관해서는 교회에서 해결

할 문제가 아닌 신학교의 문제로 풀어 가려고 했으니까….

 이런저런 문제가 산적해서 머리가 아프다가 그만 정신이 번쩍 들었다. 교회 홈페이지의 코이노니아 란에 어느 교인이 목마르다고 한 표현이 내내 마음에 부담으로 남는데, 목사가 교인들의 마음을 영적으로 다스리지 못하고 교회와 신학교의 이전 문제에만 골똘해 있는 증거처럼 보여서다.

 정작 중요한 것을 잃어버리고 있었던 것 같다. 예배 처소 이전에 목사가 먼저 무릎을 꿇고 기도하는 모습을 보였어야 하는데 그러질 못했다.

 장소의 이전보다 더 중요한 준비는 기도이며 진정 하나님의 인도하심을 받는 이전이어야만 했다. 물론 기도를 안 한 것은 아니나 모든 사람들을 같은 마음으로 향하게 하는 내밀한 기도가 부족했음을 고백할 수밖에 없다.

 이번 주간에는 만사를 제쳐놓고 기도원을 다녀와야겠다.

더불어 사는 삶

인터넷 시대의 특징은 무엇일까? 의사소통이 수직적인 개념에서 수평적으로 변했다는 것이다. 이 말을 이해하지 못해서 나 자신도 많은 혼란을 겪다가 이제야 그 의미의 본질을 깨닫고 있다. 과거 아날로그 시대에 살던 사람들은 디지털 시대로 세상이 바뀌었다는 사실을 이해하지 못한다. 그래서 사고의 개념이 달라져야 하는데 여전히 케케묵은 옛날의 개념으로 생각을 발전시키기 때문에 우리 생활에서 가장 중요한 의사소통이 안 되는 것이다.

옛날에는 신분이라는 뛰어넘을 수 없는 계급이 있었다. 그 때는 의사소통이 수직적이 될 수밖에 없었다. 예를 들면, 양반과 종이 대화를 할 때는 명령의 전달이라는 도구로서만 의사소통이 사용된 것이다. 이런 구조 속에서는 양반의 입장은 늘 아랫것들을 가르쳐야 한다는 생각을 하게 마련이라 감히 윗사람에게 자기 의견을 말한다는 것은 불경이었다. 이럴 때는 의사소통이 될 수 없는 신분의 차이를 인정하는 것이 오히려 서로를 격려하는 것이었다.

그래서 양반은 양반끼리, 천민은 천민끼리 따로 모여서 생활을 했다. 영어로 말하면 게토ghetto를 만들었다는 것이다. 그들에게 서로의 존재는 그저 신분이라는 울타리 안에서 삶을 영위하기 위한 한 방편이었던 것이다.

양반의 입장에서는 빈민들이 접근하지 못하도록 게토를 만들어서 가두어 놓았다고 생각했을 터이나, 실은 자기 자신들도 일정한 울타리 속에 갇혔다는 사실을 깨닫지 못하고 있었다. 자신들은 늘 누구인가를 가르쳐야 하는 사람들이라고 생각했는데 실은 자기들이 정작 배워야 할 것들을 배우지 못하는 갇힌 사람들이라는 것을 몰랐다는 것이다.

그래서 양반들은 자신들과 어울릴 수 없는 집단이라고 생각해서 격리시킨 천민들로부터 공격당하고 그들이 공고히 성을 쌓고 유지하려고 했던 자신의 기득권을 빼앗겼던 것이다.

이번에 한국의 야구팀이 미국의 야구 드림팀을 박살냈을 뿐만 아니라 우리보다 30년을 앞섰다고 자랑하던 일본까지 박살을 냈다. 비록 막판에 일본에게 지긴 했지만 성적으로 보면 최고의 성적을 올렸다. 왜 그들은 우리에게 졌을까? 그들에게 있어서 한국은 한 수 가르쳐야 할 수직 구조 속에 있는 존재였다. 그들은 우리를 가르치려고만 했지 우리에게 배우려고 하지 않았다. 그래서 그들은 우리 한국을 제대로 알려고 하지 않았기 때문에 우리에게 진 것이다. 즉 자기들의 우월을 과시하는 들러리로 세우려고 했지 야구를 함께 즐기려고 하지 않았던 것이다.

인간의 역사는 늘 변방이 중앙을 공격하는 형태로 반복된다. 그래서 중앙인 자신을 지켜 나가려면 변방을 알아야 한다. 그렇지 않으면 언젠가는 변방에 의하여 무너진다.

그렇다면 교회는 어떤가?

역시 수평적인 소통의 구조로 바뀌어야 한다. 어린아이들의 말이라도 귀담아 들어야 한다. 지금은 그들이 갖고 있는 정보가 우리 어른들보다 앞서고 있기 때문이다. 고압적으로 가르치려는 자세에서 쌍방 의사소통의 시대로 바뀐 것을 교회만 가장 모르고 있는 것은 아닌가? 더불어 사는 일의 첫 출발, 그것은 수평적인 의사소통의 구조를 만들어 가는 것이다.

더불어 사는 교회

더불어 산다는 것은 참으로 좋은 일이다. 서로의 부족함을 보충하면서 산다는 것, 또 서로가 서로를 향하여 기댈 수 있다는 것은 참으로 아름다운 일이기도 하다. 교회는 그리스도의 지체이며, 따라서 교회는 다 한 가족이다.

그런데 더불어 산다고 해서 거리를 두지 않을 때 생기는 불협화음은 없을까? 만일 그렇다면 어느 정도의 거리를 두는 것이 좋을까?

이런 경우를 상상해 보자. 사람들이 손을 잡고 원을 만들어서 서 있다가 한 발자국씩 뒤로 가면 어느 때인가는 잡은 손을 놓치게 될까 봐 손을 꼭 잡게 되고 손을 잡고 있다는 상황 자체가 서로에게 점점 고통으로 느껴질 것이다.

그러나 반대로 한 발자국씩 앞으로 가까이 다가가면 너무 좁아서 몸 자체가 부대끼고 숨쉬기도 어려워지며 사람 냄새가 나기 시작해서 손을 잡고 같이 있다는 것이 역겨워지기 시작할 것이다. 그래서 손을 잡고 원을 그리고 있을 때라도 적당한 간격을 유지하는 것은 서로에게 좋은 일이다.

우리가 다 한 가족임에도 불구하고 이와 같이 간격을 유지하지 않으면 교우들 간에도 역겨움과 괴로움이 교차되는 상황이 오게 된다. 우리는 분명 같은 영역에 살고 있지만 자신들만의 고유한 영역을 함께 지켜주는 것이 보다 더 하나 됨의 아름다움을 좀더 지켜 나갈 수 있는 길일 것이다.

우리는 교회 생활을 하면서 상대방이 무례하다고 느껴질 때가 있다. 유지되고 있는 친분 관계보다 더 깊이 치고 들어오는 경우다. 별로 가까운 사이가 아닌데 반말을 한다든지, 너무 뭘 알려고 질문을 한다든지, 혹은 너무 강요로 느껴지는 말을 한다든지 하는 경우다.

이번에 로스앤젤레스를 다녀오면서 눈에 띄는 한 건물을 보았다. 한 빌딩에 교회 두 개가 위아래로 있었는데 그 중에 한 교회의 이름이 '더불어 사는 교회'였다. 순간 '더불어 산다는 것은 무엇인가'를 생각하면서, 한 교회가 있는데 기어코 그 곳에 들어가는 교회의 모습이 진정 더불어 사는 교회인가 하는 생각이 들었다.

왜냐하면 더불어 산다는 느낌보다는 무례하게 비비적거린다는 생각이 들었기 때문이다.

비 오는 날의 수채화

시애틀은 미국에서도 자살을 하는 사람들이 많은 곳으로 꼽힌다. 자살의 원인 중에 제일 많은 이유가 우울증이라고 한다. 심리학자들은 비가 많이 내리는 지방이기 때문일 것이라고 추측한다.

그렇다. 실은 비가 오는 날은 우울해지기가 쉽다. 나와 같은 나이가 되면 인생의 무상함을 느끼는 때가 더욱 많은데 인생의 미래가 그려지지 않고 그러다가 비가 오면 얼씨구 하면서 우울해질 이유를 스스로 만들어 버린다.

뒤돌아보면 지금처럼 비가 오던 때가 한두 번이 아닐 터인데, 젊은 날에는 그렇게 우울하지 않던 것이 왜 지금은 우울할까? 아마도 그 때는 젊기 때문에 미래라는 희망의 그림이 있었기 때문이 아니었을까?

아주 까마득한 기억이 되살아난다. 스물여섯 살 때인가 비가 억수로 퍼붓는 날에 야전에 훈련을 나가 거대한 포들과 각종 장비들을 점검하고 부하 사병들의 진지 점령을 감독하는 부산함 속에서 문득 철모를 타고 야전 잠바의 목깃으로 스며 들어오는 빗물을 느꼈는데 그 때 눈을 들어 쳐다본 산과 들은 너무 아름다웠다.

그 때는 비가 온다고 우울할 시간도 없었던 것 같다.

비가 오는 우중충한 날, 노란 비옷을 입고 가는 어린아이를 보면서 한 점의 산뜻한 수채화를 보는 느낌이었다. 그리고 잃어버린 젊었을 때의 맑음을 되살려 볼 수 있었다. 그것은 자살을 충동질할 만한 우중충함이 아니라 또 다른 삶의 희열을 보게 한 아름다운 그림이었다.

지금까지의 삶을 돌아보면 내 인생에서 장밋빛으로 표현될 만한, 그래서 그때로 돌아가고 싶은 때가 있었나 싶을 정도로 우리의 삶의 모습이 고통과 고난의 연속이면서 끝이 보이지 않는 것 때문에 때로는 절망에 빠질 수도 있다.

이럴 때 우리의 마음에 산뜻한 수채화를 그려 보자. 비 오는 날에는 노란색을 섞어서….

강산에 씨가 부른 노래 "연어"에 이런 가사가 있다.

"보이지도 않는 끝
지친 어깨 떨구고 한숨 짓는
그대 두려워 말아요.
거꾸로 강을 거슬러 오르는 저 힘찬 연어들처럼
걸어가다 보면… 걸어가다 보면…"

우울한 날에는 비트 리듬에 맞춰서 몸을 흔들며 이 노래를 한번 불러 보자.

하인즈 워드 Hines Ward

2006년 수퍼볼의 최고 선수로 하인즈 워드가 선정되었다. 잘 아는 대로 그는 한국인 어머니와 흑인 아버지 사이에서 태어난 혼혈인이다. 한국계가 미국 스포츠계의 거목이 된 것이 너무 자랑스럽고 대견하기만 하다. 마땅히 함께 기뻐하고 즐거워할 일이다. 더욱이 혼혈인 아들을 키워 낸 어머니의 이야기가 전해지면서 가슴이 찡해진다.

그런데 한국 정부에서 훈장을 주느니 한국을 방문할 때 환영 행사를 한다느니 하는 신문기사를 보며 갑자기 기분이 나빠지기 시작한다. 도무지 사람들이 뭐가 정말 중요한지를 모르는 것 같다. 그리고 느껴지는 또 다른 감정은 사람들이 참 촐랑거린다는 것이다. 왜냐하면 사실 우리가 하인즈라는 사람에게 관심을 가져 본 일이 있었던 것도 아니고 수퍼볼이 우리 세대에게는 낯설기만 한 경기 종목이기 때문이다. 전혀 관심이 없던 사람에게 갑자기 흥분하는 사람들을 보면서 마냥 편하지만은 않은 내 모습이 지나친 것일까?

한국 신문에는 갑자기 혼혈인에 대한 기사가 늘어나고 있고, 그동안 방치했던 혼혈 문제에 대하여 이렇게 저렇게 관심을 가져야 한다고들 난리다.

그런데 정작 혼혈인들에게 물어본다면 이런 모습을 그들은 어떻게 평가할까? 내 생각에는 그들은 이렇게 말할 것 같다. "우리에 대해서 무슨 대책을 세우려 하지 말고 동등한 인격체로 그냥 지켜만 봐주세요."

그렇지 않은가? 만일 하인즈가 수퍼볼에서 엠브이피MVP가 되지 않았다면? 아니 그가 혹 갱단에 연루된 범죄자였다 해도 이렇게 혼혈인에 대해서 말할 수 있었을까?

우리의 태도를 돌아보면 혼혈인에 대한 극도의 증오심만 더 크게 가졌던 게 아니었던가? 나는 군대 생활을 문산과 금촌 지역에서 했는데, 그 곳이야말로 세칭 기지촌이라고 불렸던 동네이고 유난히 혼혈인들이 많은 동네였다. 돌이켜보면 그들에게 한 번도 따뜻한 눈길을 준 일이 없는 것 같다. 그렇다고 목사가 된 지금 그런 마음이 변했는가 하면, 여전히 옛날과 다름없는 태도를 갖고 있다. 만일 우리의 아이들이 국제결혼을 한다고 하면 나는 길길이 뛸 것이기 때문이다. 여러 가지 이유를 댈 것이 틀림없지만 사실은 한 가지가 가장 큰 이유일 것이다. 쪽팔린다는 것 아닐까?

그랬다. 우리는 쪽팔려 했다. 그리고 은근히 멸시하는 태도를 가졌었다. 만일 하인즈가 우리 주위에 있었다면 그 역시 여전히 '튀기'라고 놀림을 받아야만 했을 것이다.

이 글을 쓰는 동안도 나는 여전히 마음이 편치 않다. 논리적으로는 편견을 가져서는 안 된다고 하면서도 감정적으로는 그것을 용납하지 못하는 내 자신을 가장 정확하게 보고 있기 때문이다. 나는 위선자인가?

요즘 맘에 담고 싶은 몇 마디

- 부주의한 말은 싸움의 불씨가 되며
  잔인한 말은 인생을 파멸시킬 수도 있습니다.
- 시기적절한 말은 스트레스를 없앨 수 있으며
  사랑스런 말은 마음의 상처를 치료하고 축복을 가져다 줍니다.
- 항상 자신을 다른 사람의 입장에서 보세요.
  만약 당신의 마음이 상처를 받았다면
  아마 다른 사람도 상처를 받을 겁니다.
- 당신이 태어났을 때 당신 혼자 울고 있었고
  당신 주위의 모든 사람들은 미소 짓고 있었습니다.
- 당신이 이 세상을 떠날 때는 당신 혼자만 미소짓고
  당신 주위의 모든 사람들은 울도록 그런 인생을 사세요.
- 오랫동안 어떤 분노를 가슴에 담고 있었습니다.
  사람에 대한 배려가 이토록, 오히려 비수가 되어서
  돌아올 수도 있다는 것 때문이었습니다.
- 말을 했습니다.
  그런데 그들은 저의 분노를 이해하지 못합니다.
  그래서 그들은 너무나 편안하게 자신들의 삶을 살고 있습니다.
  그래서 더 화가 납니다.

나도 인간이기 때문이지요.
- 그들은 목사로서의 덕행을 나한테 원합니다.
그렇습니다.
어떤 경우에도 목사로 생각하고 행동해야 한다는 것을….

위의 글들이 참으로 내 마음을 다스리는 데 도움이 되었다.

진정한 가치에 눈뜨게 하라

지난 주에 한 젊은 여인이 자살했다는 뉴스를 보면서 그 개인의 아픔은 도대체 뭐였기에 스스로 자신의 목숨을 끊었을까를 생각해 보았다.

우리는 자녀들을 키우면서 좀 심하게 표현하면 배신감을 느낄 때가 있는데, 부모로서 베푼 일에 대하여 자녀들이 전혀 그 가치를 느끼지 않고 그래서 그것을 소중히 여기지 않을 때다.

반대로, 자식들의 입장에서 보면 부모가 해 준 것을 빌미로 끊임없이 객관성이 없는 부모의 가치를 강요할 때 자식들은 분노를 느끼게 된다.

여기서 우리는 교육의 기본 원리를 곰곰이 되새겨야 할 필요가 있다.

성경은 "자손 만 대까지 축복을 받으려면 하나님의 말씀을 늘 기억하여 행하라"고 강조한다. 이 말을 여러 가지로 해석할 수 있겠지만 성경의 전체 맥락을 통하여 해석한다면 "자신의 정체성과 가치를 분명히 알고 그렇게 살라"는 것이다.

부모가 모아놓은 재물과 권세를 세습시키는 것이 자녀에게 물려줄 유산은 아니다. 그렇게 했을 때, 아무 노력 없이 그것을 소유한 사람은 그 가치를 알 수 없다. 자신의 존재를 알아가는 훈련을 받지 못한 사람은 자신의 가치에 대하여 소중함을 느끼지 못한다. 인생을 쉽게 살아온 사람들은 자신의 가치에 대한 기대도 없다. 그들의 삶의 기준은 오직 자신의 욕망(혹은 소원)을 이루는 것뿐이다. 어떤 한 가지라도 없으면 전체를 버리게 된다.

어떻게 인생을 자신의 입맛에 맞게 디자인한 대로 살 수 있는가? 그것은 불가능하다. 우리가 기억해야 할 것은 어떤 상황에서도 자신의 가치를 잃지 않고 최선을 다하는 사람이 진정으로 자신을 소중히 여기는 사람이라는 것이다.

우리의 자녀들을 이렇게 키워 보자.

스스로 자신의 가치를 만들어 가는 사람으로….

그것은 곧 다른 사람의 가치를 인정하며, 또 다른 사람으로부터 인정받으며 사는 것이다.

행여나 부모 덕으로 잘 산다는 말을 우리의 자녀들이 들어서는 안 되겠다.

사람들이 한 여인의 자살을 놓고 냉소적인 시선을 보내고 있는 것을 그 부모들은 아는지….

가슴 아픈 일

삼성그룹의 회장인 이건희 씨의 막내딸이 자살했다고 한다. 처음에는 교통사고라고 하다가 결국에는 자살로 밝혀졌다. 그녀는 내 기억으로는 아마 작년부터 인터넷에서 사람들에게 회자되기 시작했던 인물인데 아마 어린 나이에 재산이 얼마라든가 뭐 그런 내용으로 가십의 대상이 되었던 것 같다.

지난번에 20대의 한참 젊은 나이로 자살한 여배우 이은주 때문에 사람들이 충격을 받았는데, 이번에는 막강한 권력과 돈을 소유한, 얼른 생각하면 아무 부족함이 없을 것 같은 젊은 인생이 스스로 자신의 생애를 마감했다는 것이 우리를 더욱 혼란스럽게 한다.

더 조사를 해 봐야 알겠지만 사람 사는 일들이 하도 미스터리가 많아 정말로 자살인지 아니면 자살로 위장된 다른 일인지는 알 수 없으나 매우 가슴이 아프다.

돌이켜 보면 나도 20대에 한참 염세주의에 빠져 늘 죽음을 생각하면서 살았던 적이 있다. 지금 생각하면 웃고 넘어갈 일들이지만 당시에는 아주 심각했다. 곰곰이 생각해 보면 그때 당시에 극심한 우울증에 시달렸던 것 같은데, 그 이유는 아마도 내 인생에서 별다른 희망이 보이지 않았기 때문인 것 같다.

특별한 변화가 없는 무미건조한 생활이 나를 극도로 무기력하게 만들었고, 죽지 못해 사는 삶 속에서 할 수 있었던 유일한 돌파구는 술로 매일 매일 살아가는 방법뿐이었던 것 같다. 거의 5년 동안을 그렇게 살았는데, 그 생활에서 벗어난 것은 순전히 신앙의 힘 때문이었다.

그때 술에 절어서 어떻게 그리스도의 십자가를 생각했는지 내가 생각해도 신기하기만 하다. 그렇게 무기력증에서 벗어나던 때에 내 나이는 스물아홉 살이었다.

그때 바라본 세상은 아무런 소망이 없는 잿빛이었는데, 삶을 정리하고 새로운 생활을 시작하면서 우리의 눈에 비췬 세상이 세상의 전부가 아니란 것을 보기 시작했다.

죽음까지 갈 수밖에 없었던 그 사람의 절박함은 누가 헤아릴 수 있을까만, 또 다른 인생의 통로가 있음을 보았으면 좋았을 텐데 참으로 안쓰럽다.

죽은 그 사람의 장례식을 원불교식으로 했다는데… 원불교에서는 세상을 고苦로 보는 것이 아니라 은恩으로 본다는데 죽은 사람에게 은恩의 개념이 무슨 소용이 있을까?

우리의 자녀들, 20대를 살고 있는 우리의 아이들에게는 혹시 자살의 충동이 없을까?

이순신 장군을 생각하며

원균이 이끄는 수군이 칠전량 전투에서 왜군에게 참혹하게 패전을 한 후에 이순신 장군에게 남은 배는 전선 12척뿐이었다. 이순신은 왕에게 장계를 올려서 "신에게는 아직도 12척의 배가 남아 있습니다"라는 유명한 말을 한다. 드라마에서 보면 이런 이순신을 사람들은 오기로 버틴다고 조롱한다. 무에서 유를 만들어 내는 과정에서 이순신은 또 오해를 받는데 모반의 가능성이 있는 사람으로 사람들의 구설수에 오르내린다. 그는 지리멸렬支離滅裂한 수군을 정비하여 이만 명으로 증가시켰는데, 사람들은 이순신의 공적이 자신들의 입지를 불안하게 만든다는 이유로 끝까지 모함을 했다. 결국 그가 마지막 해전에서 사망을 한 후에 그에 대한 구설수는 사라졌다. 충무공이라는 시호도 오랜 세월이 흐른 후에 하사 받은 것으로 보아서 여전히 사람들은 그를 시기했던 것 같다.

왜 난데없이 이순신을 말하는지 의아해할 것 같다. 나는 원래 일중독자였다. 일 그 자체가 좋아서 혼자 신이 나서 하는 그런 스타일이다. 군대 있을 때나 제대하고 학교에 근무할 때도 여전히 그랬다. 일을 놔두고는 마음이 늘 불편한지라 목사임에도 주일에도 학교에 나가서 일을 하곤 했다. 그런데 일을 열심히 하는 것 때문에 다른 직원들의 구설수에 오를 것이라고는 생각도 못했다. 그들의 논리는 아주 간단했다. 혼자 열심히 하는 척하지 말라고… 그렇게 열심히 한다고 이 학교가 당신 것이 될 것 같으냐는 것이었다.

나는 그냥 일이 좋았던 것뿐인데, 그리고 그 일 후에 오는 성취감을 즐기는 것뿐인데, 사람들은 내가 좋아서 일을 하는 것까지도 늘 다른 목적이 있을 것이라는 생각들을 한다. 그래서 일을 한 후에 즐기는 성취감과 만족까지도 욕망을 이루는 것으로 평가받기도 한다.

사람들이 때때로 나를 당혹게 하는 질문 중에 한 가지가 있는데, 그것은 "왜 목회를 합니까? 지금까지 어떻게 이런 일을 해 오셨습니까?"이다. 이런 질문에 "하나님의 은혜입니다"라는 표현을 하지 않고 "내가 좋아서 하는 일입니다" 혹은 "할 줄 아는 것이 이것밖에 없어서요"라고 하면 목사 같지 않게 말한다고 이상하다는 듯이 쳐다본다.

사람들은 이순신 장군을 성웅이라고 말하지만 아마도 그분은 그런 호칭을 원치 않으셨을 것 같다. 그분이 성웅이라는 칭호를 듣기 위해서 목숨을 버리기까지 하셨을까?

나는 미국에 아무런 기반이 없는 사람이었다. 아는 사람도 없고 돈도 없었다. 속된 말로 맨 땅에 헤딩하듯 이 모든 일을 해 왔다. 그런데 사람들은 나보고 '수완이 좋다' 혹은 '럭키하다'고 말들을 한다. 그러나 실상은 나를 위해서는 짜장면 한 그릇 마음놓고 사 먹을 돈도 없는 사람이라는 것을 모른다. 다른 사람들이 한가롭게 자기의 가정을 챙길 때 한 순간도 놀지 않고 노력한 사실들은 잘 모른다.

너무 억울해서 오늘은 내 하소연을 하고 싶다. 그런데 이순신 장군을 비유로 드는 것은 좀 심했나?

우산을 받쳐주는 사람, 함께 비 맞아주는 사람

이 곳 캘리포니아에서는 눈을 보려면 리노를 가든지 레이타호를 가야만 한다. 지난 5월에는 도너레이크에서 단기 특강을 했는데 그 때도 눈이 녹지 않고 있어서 학생들이 즐거워하던 기억이 난다. 눈은 겨울의 상징이면서도 또 다른 포근함을 느끼게 한다. 그래서 눈을 함께 맞을 사람이 있다는 것은 행복이라는 말이 그 속에 암시되어 있다.

그런데 비雨는 눈물, 처절함, 비탄 같은 단어를 연상케 한다. 대부분의 드라마에서 실연당한 사람의 모습은 거의가 비를 흠뻑 맞고 어딘가 걸어가는 모습으로 그려진다. 그래서인가? "어디 눈을 함께 맞을 사람이 없소?"라는 말에는 옆구리가 시린 사람들이 행복을 찾는 의미가 담겨 있는 느낌이라면, "어디 비 좀 함께 맞을 사람 없소?" 라는 말에는 고통을 함께 나눌 사람을 찾는다는 의미가 담겨 있는 것 같다.

시대 정신時代精神, 이 말은 한 시대를 이끌어 가는 선각자라는 뜻과 함께 외로움, 고독 혹은 사람들에게 돌에 맞기 쉬움, 모난 돌이라는 말들이 함께 연상되는 단어다. 헤겔은 이 시대 정신이 세상의 역사를 이끌어 가는 힘이며 원동력이라고 표현했고, 그래서 한 시대를 이끌어 가는 의미에서 예수 그리스도를 시대 정신으로 표현하기도 했다.

물론 예수를 인류의 구세주로 믿고 있는 우리 기독교 신자들의 개념과는 다르지만 헤겔의 역사철학에서는 나름대로의 타당성이 있는 말이다.

그래서 헤겔의 말처럼 시대 정신으로서의 예수님의 길은 고독, 고난, 돌에 맞음과 같은 단어들과 연결되는 삶이었다. 그것은 한 시대를 이끌어 가는 선각자들의, 어찌 보면 필연적인 삶의 모습이었을 것이다.

요즘 성경을 강론하면서 ― 이 일을 20여 년이나 한 후인 지금에서야 간신히 ― 그분의 삶의 부분들이었던 고난과 외로움 같은 것들이 느껴진다. 사실은 단순한 느낌 이상의 어떤 것인데, 십자가에 달리시는 순간까지 그리고 숨을 거두시는 순간까지 "주여 저들이 자기들이 하는 일들이 무슨 일인지조차 알지 못합니다"라고 외치셨던 예수님은 아마도 한 사람도 의사소통이 되는 사람이 없었다는 고독감을 표현하신 것은 아니었을까? 그래서 우리 주님이 십자가에 달리시는 순간 그분 옆에는 아무도 없었다. 후에 예수님을 장사지내기 위해서 이런저런 사람들이 등장하기는 하지만 여전히 그들은 예수님과 의사소통이 되지는 못했던 사람들이다. 예수님이 원하신 사람은 아마 장사를 지내주는 사람이 아닌, 같이 십자가에 달려주는 사람이 아니었을까?

비가 오는 계절이다. 비 오는 인생의 계절에 우산을 받쳐주는 사람이 있다는 것은 대단한 기쁨이다. 그런데 비를 함께 맞아줄 수 있는 사람이 있다는 것은 그 사람의 인생에서 최고의 행복이다.

짜증과 민망함의 교차

요즘 들어 변하는 나의 모습 때문에 짜증이 난다.

옛날에는 전혀 관심도 없던 일들이 큰 흐름은 아니지만 삶의 작은 부분에서 충돌을 일으키기 때문이다.

거울을 보면서 눈썹 숱이 적다는 사실이 자꾸 신경이 쓰인다든지, 갑자기 드라마 〈신입사원〉에 출연하는 에릭의 사자갈기 같은 탐스러운 머릿결이 부러워진다든지….

도무지 김종인 같지 않은 생각들이 잡다하게 머리를 어지럽히고 있다는 것이 신경질이 날 만큼 짜증이 난다.

오늘의 삶의 형태를 결정하기까지는 지금까지 살아온 삶의 편린片鱗들이 크게 작용하게 되어 있는데, 예전과 다른 일들에 관심이 생기는 것은 도대체 무슨 이유일까 하고 생각을 좀 해봤는데, 그런 생각을 하다가 갑자기 민망한 마음이 들기 시작했다.

그랬었다. 꼭 기억하고 있어야 할 일들을 어느 사이엔가 슬슬 잊고 있었다. 그래서 마땅히 감사하고 만족하면서 살아야 할 인생이 또 다른 것들을 요구하기 시작했다는 것이다.

우리 교회 최광일 집사는 군대 이야기 하는 것을 싫어한다. 그런데 인생의 가장 황금 같은 시기에 군 생활을 했던 나로서는 군대가 실제 연수보다 더 많은 분량으로 내 삶에 영향을 끼치고 있다. 그러니 군대 이야기를 하게 되어 있다는 것을 아는지… 그런데 최광일 집사는 자신이 무슨 말만 하면 "옛날 하와이에서요…" 하면서 말을 하는 것을 아는지 모르지만….

어흠, 흠 흠… 그래서 군대 이야기를 좀 하자면…, 열아홉 살 때 군 동기생이 어느 날 머리가 아프다고 하기 시작하더니 그 증세가 심해져서 병원에 입원한 일이 있었다. 그런데 또 눈이 아프기 시작했다. 진찰을 해봐도 별다른 소견이 나오질 않았는데, 군의관이 혹시 뇌에 문제가 있는 게 아니냐는 소견을 말해서 그 친구는 검진 시설이 있는 곳으로 후송을 가게 되었다. 후송을 가면서 내 손을 꼭 잡고 "종인아, 종인아"하고 내 이름을 몇 번씩 부르며 자기를 위해서 기도해 달라고 부탁을 했다. 나는 그러노라고 약속하며 떠나 보냈는데 그는 가는 도중에 숨을 거두었다.

사는 것이 힘들 때마다 그 친구를 생각하면서 젊음을 꽃 피우지도 못하고 일찍 간 사람들에 비하면 나는 얼마나 행복한지를 늘 생각했다.

그런데

그 친구 이름이 전혀 기억나지 않는다. 아무리 생각해도….

쉴 만한 물가

"여호와는 나의 목자시니 그가 나를 푸른 초장과 잔잔한 물가로 인도하시는도다."

이것은 아주 어릴 때, 내가 처음 외웠던 성경 구절이고, 그래서인지 내가 신학을 마친 후 처음에 쓴 성경 공부 교재가 시편 23편을 공부하는 내용이었다. 때로는 목사인 나도 마음이 혹은 하는 일들이 분주해질 때가 있는데, 문득문득 하나님이 허락하신 잔잔함의 삶을 살고 있는지 살펴보게 된다.

목사로서 살다 보니 이런저런 내용의 공부를 하게 마련이고, 그래서 신문을 보면서 목회를 잘 할 수 있다는 세미나의 광고를 유심히 살피게 된다.

대형 교회는 감히 꿈도 꾸지 못하는 소시민적인 목회자라서 그런가? 사실 교회 성장에 관한 프로그램은 거의 관심이 없다. 그러면서도 몇몇 프로그램을 접할 기회가 있었는데 그 내용은 정말 황당하기까지 했다.

주로 전문 사역자들이 참석하는 이런 프로그램은 전도 혹은 양육 등 세미나의 주제가 나름대로는 논리와 방법을 제시하지만 그 핵심은 아주 간단하다. 교인들을 들들 볶아야 교회가 성장한다는 것이다. 그러다 보니 교회가 무슨 사관학교나 훈련소처럼 느껴진다.

요즘 교회들을 보면 행사가 참 많다. 총동원주일, 부흥회 등등…. 그래서 교회가 늘 시장 바닥처럼 북적거린다.

교회가 처한 특별한 상황이 우리에게도 물론 있다. 다른 교회처럼 행사가 많은 교회가 아님에도 불구하고 마음놓고 점심 한 끼 편안하게 먹지 못하는 것이 우리 실정이다. 모였을 때 한 자라도 공부를 더 해야겠다는 조급함 때문에 예배 후에 점심을 후다닥 먹어야 하고, 이 齒 사이의 음식물도 빼내지 못한 상태로 성경 공부를 해야 하는 것이 우리의 형편이다. 한마디로 주일마다 잔잔함과는 거리가 먼 것이 우리 교회의 형편이다.

신앙 생활을, 가장 기초가 되는 교회 생활 그 자체를 잔잔하게 그리고 쉴 만한 물가처럼 그렇게 여유 있게 할 수는 없을까? 그냥 명절에 모인 가족들처럼….

주일에 한 번 모이는 모임이 있는 날이다. 목사가 그 분위기를 만들어 줘야 하는 건 아니니까, 스스로 이런 분위기를 만들어 여유를 즐기면서 그렇게 교회에 모일 수 있는 방법을 생각들 좀 해보슈.

마음의 빚이 있어…

한국을 방문할 때마다 일상처럼 번복되는 일이라 이제는 거의 당연하다 싶은 일이 있는데 그것은 문영탁 장로님과의 관계다. 이분은 (글쓸 때만 그러지 실제로는 반말을 한다) 나보다 열두 살이 연상이며 현재는 모 신학대학의 교수로 재직하고 있으며 신학교는 동문수학한 사이이다. 그러고 보니 거의 20년 넘는 세월을 알고 지낸 분이다.

이 양반은 한국을 방문하는 나에게는 천적처럼 돈을 뜯기는 분이다. 지난번에도 양복을 두 벌이나 해 줬고, 또 그 전에는 지갑을 열면서 그 속에 있는 돈을 다 털어 주었는데 오만 원밖에 없었다. 그래서 나 만나러 올 때는 일부러 오만 원만 넣고 나온 거냐고 거센 항의를 했더니 이번에는 아예 은행에서 돈을 찾아서 이십만 원을 봉투에 넣어 주신다. 한 번도 고맙다는 인사도 듣지 못하면서….

마침 그 자리에는 태국의 정석천 선교사가 함께 있었는데, 이 선교사님이 거의 조폭 수준의 눈초리로 그 돈을 선교비로 달라는 무언의 암시를 계속 날렸지만 나는 그 살벌한 상황에서 꿋꿋이 그 돈을 안 주고 버텼다.

도대체 이 양반은 왜 나에게 늘 돈을 뜯기는 것일까? 그냥 친하기 때문인가?

이런저런 이야기를 하다가 학교 다니던 때에 학점을 제대로 주지 않던 교수들을 흉보게 되었는데 장로님이 이런 말을 했다.

장로: "나는 종인이에게 마음의 빚이 있어…"

종인: "무슨 빚인데…."

장로: "학교 다닐 때 차를 태워 주지 못했거든. 사실은 진짜로 차를 태워 줘야 할 사람은 종인이었어. 영종도에서 개척하면서 학교를 헐떡거리면서 다니던 종인이가 늘 마음에 걸렸거든."

종인: "어쭈구리… 사람 감동시키네…."

내가 공부를 못한 것이 시간에 쫓기듯이 산 것 때문이라고 생각하고 있었던 것이다.

정확히 말하면 22년 전의 일인데, 장로님은 이토록 오랜 세월을 마음의 빚이라고 가슴에 늘 안고 살아온 모양이다. 그 가슴앓이 때문이었나? 나만 만나면 잘해 주려고 무척 애를 쓴 이유가 그것 때문이었나? 바보같이….

이 양반이 잘 모르는 것이 있다. 실은 이 장로님으로부터 나는 살면서 처음 안식이라는 것을 느꼈는데….

다음에 나가면 더 큰 바가지를 씌워야지.

지형이에게

지형아, 오늘은 부활주일로 교회가 지키는 날이다. 우리 교회에서는 부활주일에 전통적으로 성만찬과 세례식을 거행한단다.

오늘은 네가 태어난 지 86일째 되는 날이구나. 지금 이 할아버지는 약간 흥분되어 있단다. 네가 이 땅에 태어나서 처음 겪는 일들이 계속되듯이 할아버지에게도 처음 겪는 일들이 있는데 오늘은 나의 외손주에게 세례식을 난생 처음 행하기 때문이다.

오늘 세례 받는 우리 외손주에게 할아버지가 몇 마디 하고 싶구나.

나는 지형이가 하나님을 잘 믿는 사람이 되기를 바란다. 하나님의 간섭을 받으면서 자라는 것이 얼마나 복된 일인지 너는 아직 잘 모르겠지만 인생을 살 만큼 살아본 어른들은 잘 알고 있는 일이란다.

오늘 너의 아빠와 엄마는 이런 고백을 할 것이다. "우리 지형이를 신앙으로 잘 양육하겠습니다." 이 고백처럼 할아버지도 살아 있는 동안 너를 계속 지킬 것이다.

사람은 살면서 많은 일들을 겪으면서 산단다. 때로는 원하지 않는 어려운 일을 만나기도 하고 때로는 형통한 날을 만나기도 한단다.

나는 지형이가 어떤 상황에서도 삶을 긍정적으로 살아가는 강인한 사람이 되었으면 좋겠구나.

인생의 목표를 너무 거창하게 잡지 말거라. 내가 너의 아빠, 엄마가 평범하게, 그러나 알찬 삶을 사는 모습을 보면서 그냥 흐뭇해하듯이 지형이도 알찬 인생을 사는 모습을 보기를 원한다.

그렇지만 자신만을 위해서 사는 것보다 다른 사람을 배려할 줄 아는 사람이 되었으면 좋겠다. 예수님이 우리에게 하셨듯이, 지형이가 사는 삶의 영역 안에서 ― 그것이 크든 작든 간에 ― 사람들에게 밝음과 아름다움이 무엇인지를 보여주는 인생이 되었으면 좋겠다.

할아버지가 목소리가 좀 큰 편이라서 가끔 네가 놀랄 정도로 소리를 지를 때도 있을 텐데, 절대로 너를 미워하거나 그런 것은 아니니까 오해하지 말았으면 좋겠다.

사람들이 네가 태어난 후에 자기 손자에게도 소리를 지르나 보자고 지켜보겠다고 했거든….

할아버지는 너의 부모에게 용돈을 제대로 주지 못한 아쉬움을 늘 갖고 있단다. 지형이에게는 용돈을 넉넉하게 줄 수 있었으면 좋겠구나.

건강하게 넉넉한 사람으로 자라거라.

부활주일 아침에
외할아버지가

변하면 안 되는 것

이번 겨울은 유난히 비가 추적추적 내리는 것 같다. 미국에 처음 왔을 때, 그 때도 비가 참 많이 왔던 것 같은데 그 때는 비가 오는 것이 참 좋았다. 원래 비를 좋아했기 때문에, 비가 오는 날은 커피 한 잔을 손에 들고 있으면 비와 커피의 향이 기가 막히게 어우러져 마음을 풍요롭게 만들어 주었다. 요즘은 건강 때문에 커피를 거의 마시지 않는다. 그러고 보니 문득 비가 오는 것을 추적추적 내린다고 표현하고 있는 내 모습을 발견한다.

그리고 내가 좋아하는 것들이 많이 변해 있다는 사실을 깨닫는다. 내가 먹은 라면의 수가 얼마나 될까? 달걀은 얼마나 될까? 커피와 더불어 라면과 달걀은 평생 먹어도 질리지 않을 것이라고 생각했는데 어느 사이에 커피는 거의 손을 대지 않고 있고, 라면과 달걀은 먹기만 하면 소화가 되지 않아서 꺽꺽거린다.

평생을 손에서 책을 놓지 않고 살았는데 요즘은 책 보는 것이 짜증이 난다. 안경을 써야만 글이 보이기 때문이기도 하지만, 책을 보아도 무슨 내용인지 쉽게 글줄기가 들어오지 않기 때문이다. 괜히 피곤하다는 생각만 들다 보니 요즘은 무거운 책은 거의 보지 못하고 가벼운 산문들이나 읽고 있는 형편이다.

신학교에서 거의 20년 가까이 강의를 해 왔고 그 시간이 무척 즐거

왔는데 요즘은 강의도 거의 손을 놓고 있다. 표면적인 이유야 여러 가지가 있지만, 진짜 이유는 그것도 힘이 든다는 것이 정확할 것이다. 무엇 때문에 힘이 든다는 생각을 하는 것일까? 그토록 좋아하던 일들이 심드렁해지는 까닭은 무엇일까? 사람이 이렇게 변할 수 있다는 것이 이상한 일이 아니고 정상인가?

그래, 취미가 변할 수도 있고 기호가 변할 수도 있다. 입맛이 변할 수도 있다. 그러나 이런 것들은 또 다른 대체가 가능할뿐더러 싫으면 안 하면 그만이다. 다른 사람에게 상처를 주는 일도 아니니까….

그러나 사람들과의 관계는 내 입맛에 따라 변하면 안 된다. 내 형편과 처지에 따라 혹은 이해 관계에 따라 쉽게 사람들과의 관계가 변한다면 정말 이 세상은 살맛이 나지 않을 것이다.

그런데 그 노력은 내 몫이다.

우리가 언제 신神이 되었네…

아주 오래된 이야기인데, 실제로 있었던 일이다. 어느 학교에서 데모가 일어나고 설립자의 아들이 주 공격 대상이 된 적이 있다. 학생들의 요구가 분명 무리가 있다고 느꼈던 나는 데모를 더 이상 확산시키지 않으려고 나름대로 최선을 다하고 있었는데, 도무지 학생들이 설득되지 않았다. 분명한 이슈가 있어서 그것을 해결했으면 좋겠는데 무조건 물러나라고 어거지(억지)를 피웠다. 그러다가 학생들 마음속에 자리하고 있는 분노의 진짜 원인을 발견하고는 그만 그동안의 나의 노력에 대하여 나 자신부터 근본적인 회의가 왔던 적이 있다. 그렇게 생각한 계기는 이런 것이었다.

데모가 진행 중일 때도 학생 예배는 계속되었는데, 그 설립자의 아들이 이렇게 기도했다. "하나님, 제가 분명한 잘못이 있다면 이 시간 저에게 불벼락을 내려 주시기를 바랍니다." 물론 얼마나 답답하면 그렇게밖에 기도할 수 없지 않겠느냐는 안쓰러움은 있다. 그러나 나는 그 기도를 들으면서 저건 아니라는 소름끼치는 생각을 할 수밖에 없었다. 그 불벼락을 요청한 기도가 하나님께 드려졌는데 불벼락은 내리지 않았다. 드디어 정당해졌다. 드디어 하나님이 자신에게 대적하는 인간들이 얼마나 부당한지를 증명해 주셨다. 왜냐하면 불벼락이 내리지 않았으니까….

자신의 정당함을 말하기 위한 몸부림은 당연한 일이다. 그러나 자신의 정당함을 증명하기 위하여 하나님을 동원하며 상대방을 정죄하는 것은 스스로 신의 영역에 자신을 올려놓는 가장 비신앙적인 행위다.

우리는 신이 아니다. 사람이다. 하나님의 섭리 속에 살고 있는 아주 아주 평범한 인간일 뿐 그 이상도 그 이하도 아니다. 이것이 진정한 겸손이 아닐까.

한국의 김홍도 목사라는 분이 설교 중에 자신을 괴롭힌 모든 기자들과 언론사들에 대해 하나님의 심판이 분명히 있을 것이라고 했단다.

음… 교회가 커지면 목사가 하나님이 되는 수도 있구먼. 그러다가 심판이 없으면 그 때는 뭐라고 말할지 궁금하다.

우울증

한창 젊은 나이였을 때인 20대 중반에 나는 극심한 우울증에 시달렸다. 얼마나 그 증세가 깊었는지, 매일 매일 자살을 꿈꾸면서 어떻게 하면 멋있게, 폼나게 죽을지를 연구하며 살았다. 그러다가 죽는 것이 생각처럼 쉬운 일이 아닌 것을 알고는 그 상황에서 벗어나려는 몸부림이 세상을 되는 대로 살자는 방식으로 나타났던 것 같다. 그래서 매일 술독에 빠져서 살았다.

지금 생각하면 왜 그랬는지 이유도 명확하지 않은데, 오랜 시간이 지난 후에 생각해 보니 미래에 대한 특별한 희망이 보이지 않았기 때문이었던 것 같다. 무엇인가 하고 싶은 것이 불분명하기도 했거니와 무엇인가 해보려 해도 아무것도 할 수 없는 무력감에 염증을 냈는지도 모르겠다. 어느날 문득 들고 있던 술잔에 비친 술에 찌든 내 모습을 보면서 '이건 아니다'라는 생각이 들었을 때 내 모습과 교차되는 또 하나의 모습이 있었는데, 그 때는 그 모습이 예수님이라고 생각되었다.

거의 5년 간의 방황 끝에 내린 결론은 이 생활을 그대로 유지했다가는 폐인이 될 것 같다는 것이었고, 그래서 오랫동안 해 오던 군대 생활을 접기로 했다. 그리고 새로운 삶을 시작하기 위해 우선 깨끗한 생활을 먼저 해보기로 했고, 그래서 신학교에 편입을 한 것이 오늘 목사로서 서 있는 나의 과거의 한 부분이 되었다.

이은주라는 — 스물다섯 살밖에 되지 않은 — 젊은 배우가 자살했다는 뉴스를 보면서 죽음을 택할 수밖에 없도록 만든, 그녀를 극도로 우울하게 만든 일이 무엇이었는지 꽤 궁금하다.

오십이 훌쩍 넘어선 지금 젊기 때문에 보지 못하던 인생의 다양한 모습들을 경험하면서 생각하는 것은, 무엇보다도 소중한 것은 사람의 생명이라는 것이다. 젊었을 때의 그 좌절은 시간이 흐르면서 해결된다는 가장 평범한 원리를 알지 못해서 오는 조급함이 그 원인이라고 하겠는데, 전도서의 말씀대로 하나님이 굽게 하신 것을 억지로 펴려고 하는 인간의 오만함이 오히려 자신을 극도의 절망감으로 몰아넣지는 않나 생각된다.

나도 죽은 여배우 또래의 자녀를 가졌는데, 갑자기 이 아이들은 요즘 무슨 생각을 하고 있는지 궁금하다. 평범하게, 그러나 자신의 일을 분명히 해 가는 아이들의 모습이, 아무것도 해 주지 못한 아빠는 그저 고마울 뿐이다.

공감共感

쯔나미(해일)로 인한 동남아 지역의 피해는 단순히 물질적인 것으로 끝나지 않는다. 15만 명으로 추산되는(더 된다고도 한다) 인명이 시체로 발견되거나 사라져 버렸다고 한다. 사진으로 보여지는 죽은 사람들의 모습만 보아도 숨이 막혀 온다.

신문에는 위의 기사와 함께 조그만 기사가 또 실려 있었는데 북한의 어려운 식량난을 볼 수 있는 사진이 함께 곁들여져 있었다. 강냉이(옥수수의 북한 사투리임)를 먹고 있는 너댓 명의 사람들 옆에서 그것을 쳐다보고 있는 어린아이의 처절한 모습이었다.

이런 기사들 옆에 또 다른 기사들이 있었다. 신문의 만평들이었는데, 쯔나미의 상황을 이용하여 상대방을 헐뜯는 내용들이 실려 있었다. 다른 사람의 불행을 이용하여 자신의 목적에 사용하는 것이야말로 너무 비열한 짓이라는 생각이 들었다.

더욱이 이런 안타까운 상황들을 이용하여 하나님을 믿지 않으면 이렇게 된다는 설교를 하는 목사가 있을 것 같아 모골毛骨이 송연해진다. 이런 위기에서 구해 주실 하나님을 믿자는 식의 칼럼이 신문에 난 것을 두고 하는 소리다. 혹은 이런 불행이 우리에게 닥치지 않아서 다행이라는 식의 사고思考가 우리를 지배한다면 참으로 어린아이 같은 생각이다.

지옥이 따로 없다. 배고픈 사람에게는 밥이 없는 것이 지옥이요, 죽음의 난장판에 버려지는 것이 지옥이다. 우리(교회를 다니는 신자)의 사명이 무엇인가? 지옥에 있는 사람들에게 천국의 복음을 전하는 것이 아닌가?

복음이 무엇인가? 일반적으로 교회에서는 예수님을 복음이라고 가르친다. 그래서 예수 잘 믿으면 천국 간다고 한다. 이젠 좀 변하자. 예수님처럼 살아야 천국 간다고 가르쳐야 한다. 그 예수님이 이런 상황에서는 어떻게 행하셨을까?

배고픈 자에게는 밥을 주는 것이 천국이라고 하셨을 것이다.

슬픔을 당한 자에게는 위로가 천국이라고 하셨을 것이다.

다른 사람이 아플 때 그냥 같이 아파하면 안 되는가? 그것을 신학적, 교리적으로 분석하는 것이 그렇게 중요한가?

이런저런 입장을 떠나서 어려움 당한 사람을 보면 그냥 도움을 주는 순수함이 우리에게는 필요하다. 북한이든 동남아시아든 사람들이 고통 속에 있다면 속히 그 어려움에서 일어나도록 조그만 도움을 주는 것이 우리의 몫이다. 지난번에 쓰나미로 피해를 입은 사람들을 위하여 나는 901불을 보냈다. 그러나 더 보내야 한다. 이미 동참한 사람도 더 보내고 아직 미참한 사람들은 이 일에 하나님의 은혜를 나누는 것이 신앙이다.

송구送舊

"해 아래 새 것이 없다"는 전도서의 말씀을 통해서 보면, 해 아래서는 지나간 것도 없고 옛 것도 없다는 논리가 성립될 듯도 하다. 어차피 시간이라는 개념이 영원 자존하신 하나님에게는 해당되지 않는 용어일 뿐이니까 그분에게는 새 것과 옛 것이라는 개념도 없을 것이다.

그러나 신처럼 완성된 삶을 살지 못하는 인간은 시간의 틀 속에 살 수밖에 없으니, 우리에게는 지나간 것과 앞으로 다가올 미래라는 것이 존재할 수밖에 없다. 미래를 소망한다는 것이 결국은 완성되지 못한 인생이기 때문이고, 미래라는 시간의 개념을 하나님이 우리에게 주신 것은 아마도 좀더 완성된 삶을 살라고 하신 하나님의 또 다른 계시가 아닌가 생각된다.

어쨌거나 일상의 삶으로 우리의 시각을 돌려본다면 — 지극히 상식적으로 — 2004년 한 해가 지나가고 2005년이라는 새해가 다가온다는 것이다. 그래서 새해의 소망을 말하기 전에 지난 1년을 회고해 보는 것이 순서다.

1년 동안 가장 아쉬웠던 일은 무엇이었는가?

가장 기억에 남는 일은 무엇인가?

가장 아픔으로 남는 기억은 무엇인가?

가장 기쁨으로 남는 일은 무엇인가?
가장 많이 변한 부분은 무엇인가?
가장 많이 변해야 할 것은 무엇인가?
남에게 고통(손해)을 준 일은 없는가?
다른 사람에게 오해를 산 일은 없었는가?
다른 사람에게 아픔이 된 적은 없는가?
다른 사람은 나에 대해서 어떻게 평가를 하고 있을까?
1년 동안 나는 어떤 순수함이 있었는가?
1년 동안 나는 어떤 목표가 있었는가?
그 바람이 이루어졌는가? 아니라면 그 이유는 무엇인가?

몇 년 전부터 성탄 카드를 보내지 않았다. 왜냐하면 의례적이고 상투적인 인사말을 나누는 것이 싫었기 때문이기도 하지만, 그보다는 구체적인 이야기를 나누는 것이 복잡하기도 하고 상대방이 정말 그 대화를 원하는지에 대한 생각을 헤아리는 것도 힘들었기 때문이다. 내년에는 진솔한 회고가 담긴 성탄 카드가 오고 갔으면 좋겠다. 하나님께 드리는 성탄 카드에도···.

느낌

창밖에서 소나기 오는 소리가 들린다. 그래서 창밖을 보니 나뭇잎들이 낙엽이 되어서 떨어지는 소리가 마치 소나기 오는 소리처럼 들렸다. '아니, 낙엽이 저렇게 바람에 쓸려서 떨어지기도 하는구나.' 그런데 낙엽이 저렇게 한꺼번에 떨어지는 것을 예전엔 왜 못 보았을까?

낙엽 구르는 소리가 들린다. 바람에 휩쓸려 구르는 낙엽의 소리가 왜 이렇게 크게 들리는 것일까? 아니다. 크게 들린다기보다는 지금까지 낙엽 구르는 소리를 듣지 못했다고 하는 것이 정직한 표현이리라. 낙엽 구르는 것이 어제 오늘 일이 아닐 텐데 나는 왜 그동안 낙엽이 구르는 소리를 듣지 못했을까?

옛날에는 보지 못하고 듣지 못하던 것들이 요즘은 보이기도 하고 들리기도 한다. 그리고 보니 옛날에 부모님이 하던 잔소리가 듣기 싫었는데 요즘 그 잔소리를 내가 하는 것을 보니 이런 일들이 나이를 먹는다는 것인가 보다.

인생이라는 연륜이 지금까지 들으려고 하지 않던 일들에 관해서 보고 듣게 하는가 보다. 요즘 성경을 보면서 얼마 전까지의 성경을 보는 내 태도에 변화가 오는 것을 느낀다. 예수 믿고 편안하게 살자는 이기심으로 성경을 보던 태도가 무너지고 있다. 성경이 우리에게 말씀하려는 의도들을 과거에는 보지 못하고 듣지 못했는데 지금은 보고 듣기 때문이 아닌가? 아마 이것도 신앙이라는 연륜 때문일 것이다.

곱게 늙고 싶다. 아름답게 늙고 싶다. 인생에서 넉넉한 노년이 되고 싶다는 내 나름대로의 소박함은 있는데, 요즘은 좀더 깊은 소망이 생겼다. 나이 먹는다고 세상의 흐름을 보는 눈이 무디어지지 않았으면 좋겠다. 좀더 깊이 사람들의 아픈 내면을 볼 수 있는 눈이 떠졌으면 좋겠다.

한 해가 또 흘러가는데 변하지 않는 고집스러움으로 내 모습이 사람들에게 비쳐지지 않았으면 좋겠다.

P.S. : 낙엽 구르는 소리가 설교를 하는 내 귀에도 들린다. 당연히 설교를 듣는 교우들에게도 들릴 것이다. 설교에 집중이 잘 되지 않는 것 같다. 낙엽 구르는 소리 때문에…. 그러면 어떤가? 설교 한 편에서 느끼는 것보다 낙엽 구르는 소리를 통해서 하나님의 존재를 더 느낄 수 있다면 그것도 괜찮은 일 아닌가?

한 어린 소녀의 역사歷史 인식

지관순이라는 여학생이 있다. 올해 고등학교 3학년이다. 잘 모르겠지만 한국의 모 방송 퀴즈 프로에 나가서 만점을 받아 골든벨을 울렸다고 한다. 이 일로 신문이나 인터넷이 떠들썩하다. 주민등록이 잘못 되어(실은 부모가 떠돌이라고 한다) 초등학교도 다니지 못하고 검정고시를 봐야 했으며, 고학과 근로 장학생으로 공부할 시간이 거의 없는 상황에서 그런 실력을 발휘했다고 해서 사람들에게 감동을 주고 있다.

참으로 장한 일이다. 학교를 정상적으로 다닌 사람들은 정상적인 교육을 받지 못한 사람들이 학교를 제대로 다닌다는 것에 대해 얼마나 큰 소원을 가지고 있는지 잘 모를 것이다. 그런 가운데서 그만한 실력을 키울 수 있었다는 사실만으로도 우리의 가슴을 뭉클하게 할 만한 일이다.

그런데 이보다 더욱 나의 마음을 울컥하게 만든 사실은 그 소녀가 어떤 학회에 보낸 짧은 글 때문이다. 그 글을 그대로 옮겨 본다.

"나라가 위급했을 때 세 부류의 사람들이 있다. 첫 번째 부류는 현실에 저항하는 사람, 두 번째는 현실에 타협하는 사람, 세 번째는 현실에 순응하며 방관하는 사람이다. 첫 번째의 사람들은 파란만장한 삶을 살지만 후대에게 많은 빛과 기억과 교훈을 남긴다. 그러나 두 번째와 세 번째 부류의 사람들은 비록 그 당시엔 일신의 안위에는 편할지 모르지만 후대에게 아무런 빛도 기억도 남기지 못한 채 그저 사라진다. 그런데 첫 번째 사람이 이 사회에서는 제대로 대접을 받지 못하고 있으나, 그들이 있기에 후대의 우리가 자랑스럽게 이 땅을 이어가고 있다."

이 소녀의 꿈은 이 다음에 커서 역사학자가 되는 것이라고 한다. 그렇다 하더라도 그 나이에 이런 생각을 할 수 있다는 것은 참으로 대견한 일이다. 한창 자신의 몸매에 관심을 갖고 치장하는 일이나 신경 쓰거나 아니면 대학 입학 시험 준비로 다른 생각 같은 건 할 겨를도 없는 것이 그 또래의 모습일 텐데….

이 소녀는 책을 많이 봤다고 한다. 일류학교를 나온 사람보다 책을 많이 읽은 사람이 생각이 반듯하다.

우리 예수 믿는 신자들은 오늘 무엇을 보는가? 성경을 안 보고 어찌 하나님의 큰 뜻을 볼 수 있겠는가? 우리는 무슨 일로 시간을 보내고 있는가? 먹고사는 일이 힘들다. 그래도 시간을 만들어 내서 책을 좀 읽도록 하자. 성경은 물론이고….

칼럼을 다시 쓰기 시작하면서…

시간이 무척 빠르게 지나간다. 나이 쉰을 넘기면서 시간이 빠르게 지나간다는 생각이 들었지만, 요즘은 더욱더 그 느낌이 강하다. 부쩍 늙는다는 생각이 드는데, 더욱이 요즘 치매 현상이라고 할 정도로 깜빡깜빡 잊어버리는 일이 많다 보니 가끔은 서러워지기도 한다. 옛날에는 좀 넉넉하게 생각하던 일들도 괜히 심술이 나고 짜증이 나는 것을 보면 아마도 곱게 인생의 황혼의 모습을 갖는 것이 쉽지 않은 일인 것 같다. 그래서 괜찮아 보이는 황혼의 모습을 생각하며 몇 가지를 정리해 보았다.

나의 모습은 논리도 없이 삐지는 일은 없었으면 좋겠다.
모든 사람들이 내 설교를 들으면 변화될 것이라는 열망으로부터 벗어났으면 좋겠다.
내 아픔보다는 다른 사람의 아픔을 느낄 수 있었으면 좋겠다.
사람들에게 도움을 주고 배려를 하되 지나친 간섭으로 오히려 상처를 주는 일은 없었으면 좋겠다.
비록 나와 다른 견해라고 할지라도, 다른 사람들의 말을 끝까지 들어주는 인내가 있었으면 좋겠다.
더불어 살면서 사람들이 나를 거추장스럽게 여기지 않도록 뭔가 필요한 사람이 되었으면 좋겠다.

사람의 장점을 보는 안목이 있었으면 좋겠다.

사람들에게 추하고 천박한 느낌을 주지 않을 만큼 깔끔했으면 좋겠다.

훌륭하다는 말을 듣고 싶은 생각은 전혀 없다.

그저 넉넉하고 덕스러우며 아름다운 언어를 사용해서 분노를 품고 있는 사람이라도 나와 말하는 동안은 그 분노가 녹아지고 그 속에 아름다운 마음과 편안한 마음을 갖게 된다면 얼마나 좋을까?

이런 마음과 삶이 담긴 칼럼을 쓰고 싶다.

믿는 것을 어떻게 믿는가?

성경은 결코 하나님의 예언을 한 개인의 영달을 위한 것으로 보여주지는 않는다. 우리는 이런 이야기들을 듣는다. "하나님은 요셉에게 꿈을 통해서 그가 어떻게 될 것을 알려주셨다. 그러니 우리도 꿈을 갖자." 이런 식의 성경 이야기를 너무 많이 들어서 더 이상의 생각이 발전되지 않는다. 그래서 철저하게 하나님의 말씀을 개인의 신앙의 차원에 머물게 만들어 버렸다.

성경에서 보여주는 예언의 성격은 집단적이다. 그리고 하나님의 예언은 이스라엘 백성들을 위한 것만이 아니라 그들이 대적하던 나라들도 하나님의 긍휼 속에 포함되어 있음을 보여준다. 요나 선지자를 통해서 니느웨의 회개를 원하시던 하나님의 모습은 두로와 시돈, 심지어는 모압과 암몬까지도 하나님의 징계의 대상이 아니라 은혜의 대상인 것을 보여준다.

〈그리스도의 수난〉이라는 제목의 영화가 온통 우리의 시선을 모으고 있는데, 그 영화를 통해서 수난 당하신 그리스도에 대한 여러 가지 평론도 함께 나오고 있다. 그 내용은 대체로 두 가지로 정리되는데, 한 가지는 그리스도의 수난 당하심 그 자체이고, 다른 하나는 우리의 죄를 대신해서 수난 당하시는 그리스도다.

그래서 우리는 그분이 수난 당하시는 모습을 보면서 가슴을 찢고

운다. 어느 기독교 계통의 신문에 난 기사인데 한국의 한 유명한 교회에서 〈그리스도의 수난〉을 방영했는데 숨죽이고 보던 교인들이 영화가 끝난 후 우레와 같은 손뼉을 쳤다고 한다.

그 교회는 이른바 물 좋은 교인들이 다니는 교회이고 한 번에 천여 명이 영화를 볼 수 있을 만한 시설을 갖춘 대형 교회다. 그런 그들이 손뼉을 친 이유는 무엇일까? 그리스도의 수난을 보고 감동을 받아서 보낸 박수일까?

대다수의 신자들은 그리스도의 수난을 자신들을 위한 수난 정도로밖에 인식하지 않는다. 그래서 나를 대신하여 고통 당하신 그분의 고통에 대하여 눈물짓는다. 그런데 그것으로 끝이다. 도무지 그리스도께서 십자가의 형틀에 매달리신 그 현장에는 가려고 하지 않는다. 그분이 십자가에서 당하신 고난은 그분을 죽인 사람들에 의하여 고통받고 있는 민중의 모습을 대변한 것인데….

감동을 받았으면 그분이 원하시는 바를 행해야지, 돈 많은 교회가 그 영화를 불법으로 상영했다는 후문을 접하면서 마음이 씁쓸하다. 손뼉을 치자. 그리고 우리는 편안한 잠을 자자. 그저 주님께 고맙고 감사한 마음을 갖자는 생각만으로 끝나는 신자의 모습이라면, 그리스도는 여전히 눈물을 흘릴 수밖에….

정말 멸시를 받을 만한 이유인가?

〈대장금〉이라는 드라마에서 이런 장면이 나온다. 수라간의 최고 상궁의 지위에 오른 한 상궁에 대해서 사람들이 자격을 시비하는데 그 시비의 내용이 관비官婢 출신이 어떻게 최고 상궁의 자리에 오를 수 있느냐는 것이었다. 분명 적법한 절차와 실력으로 그 자리에 올랐지만 사람들은 그의 출신을 놓고 시비를 걸었고, 결국 한 상궁은 자존심이 상한 다른 무리에 의해 역모로 모함을 받아 죽게 된다.

그 드라마를 보면서 우리는 분노를 한다. 그런데 실은 그와 같은 일들이 요즘도 자행되고 있다. 한국은 참으로 학벌이 중요하게 여겨지는 나라다. 아무리 실력이 있어도 학벌이 없으면 대우를 받지 못하는 나라다. 그토록 대학에 들어가지 못해서 난리를 치는 나라는 아마도 우리 한국이나 일본 정도밖에 없을 것이다.

공부라는 것이 그렇다. 실상 부모를 잘 만나서 공부만 할 수 있는 사람은 행복한 사람이다. 원래 공부라는 것이 돈 있는 사람들의 전유물이지 돈 없는 사람들은 공부를 한다는 것이 어불성설語不成說이다. 미국이 좋은 점은 돈 없이도 공부를 할 수 있다는 것이고 혹시 중간 과정에서 공부를 못한 것이 있어도 실력을 인정받으면 고등학교를 나오지 못해도 박사 과정에 입학할 수 있다.

요즘만 해도 학자금 융자다 해서 돈 없는 사람들도 공부할 수 있는 길이 열려 있지만, 그나마 혜택을 받는 것도 환경이 허락되어야만 가능하다. 그러나 우리 어릴 때만 해도 본인은 능력이 되는데도 불구하고 가족을 돌보아야 하기 때문에 학교를 포기해야만 했던 일들이 너무나 흔했다.

그런데 학력도 가문도 별 볼일 없는 사람이 높은 지위에 올랐다면 그 사람이 얼마나 다른 사람들보다 더 노력을 했을 것인가는 불문가지不問可知다. 아마도 더 많은 눈물과 땀을 흘렸을 것이다.

한국에서는 송만기라는 사람이 탄핵을 찬성하는 집회에서 대통령 영부인이 고등학교도 나오지 못했다고 영부인의 자격이 없다는 말을 하다가 XX년이라는 욕까지 했다고 해서 난리들이다. 이 사건의 동영상을 보면서 나는 주체할 수 없이 눈물을 흘렸다. 제대로 학교를 다니지 못한 것도 서러운데 본인의 잘못도 아닌 것으로 멸시를 당하고 있는 영부인의 아픔이 그대로 느껴졌기 때문이다. 나도 돈이 없어서 중학교를 다니지 못했고, 돈이 없어서 대학을 다니지 못했다. 그래서 다른 사람들보다 더 힘들게 공부를 할 수밖에 없었는데…. 10년 전에 나도 그런 수모를 당한 적이 있다. 그 아픔을 사람들은 잘 모른다.

"영부인, 힘내세요. 배우고도 사람 노릇 하지 못하는 사람들이 얼마나 많은데요."

승화 昇華

사람의 인격을 무엇으로 판단할까? 여러 기준이 있을 것이다. 몇 가지 기준을 예로 들어본다면 이런 것들이다.

눈앞의 이익에 따라 행동하지 않는다. 원칙을 지킨다는 말이다.
화를 낼 만한 상황에서 화를 내지 않는다. 엄청나게 속을 썩게 된다.
어떤 경우에도 폭력을 행사하지 않는다. 물론 이 경우는 말의 폭력도 포함된다.

이번에 대통령을 탄핵하는 일이 한국에서 있었다. 탄핵하는 입장에서 보면 법리를 따라 논리적으로 일을 처리했다고 생각할 것이다.
그러나 반대편의 입장에서 보면 다수의 의사를 묻지 않고 일을 확대시켰다는 논리를 제시한다. 누가 더 옳은지는 두고 봐야 할 것이다.
그러나 이런 일들이 진행되는 동안 분명하게 드러난 모습은 한쪽은 여유 없이 분노를 표출하고 있는 반면에, 다른 쪽은 여유 속에서 그 분노를 드러내고 있다는 점이다. 그렇기 때문에 같은 분노라도 한쪽은 폭력이 수반되지만, 다른 쪽은 평화와 질서 속에서 축제로 이끌어내고 있다는 점이다.

이번 광화문의 탄핵 반대 모임은 대략 그 숫자가 50만 명 정도였다고 하는데 할 말을 하면서도 그 분위기는 질서가 있는 축제 분위기였다는 것이다. 과거에 화염병이 난무하고 피를 흘리던 데모가 아니라 여유와 미소 속에서 진행된 데모였다. 우리 대한민국 국민들의 성숙한 모습을 보게 되는 것이다.

서로 다른 의견 차이는 무엇 때문에 생긴 것일까?

예수께서는 이렇게 말씀하신다.

"어느 사람이 뺨을 때리면 다른 한쪽 뺨도 내어주라."

"속옷을 달라고 하면 겉옷까지 벗어주라."

우리 이성은 목사님은 예수의 이 말씀은 비폭력 저항이라고 말씀하신다. 나는 단순히 화를 참으라는 면에서 이 말씀을 해석했는데, 그런 개인적인 차원이 아닌 민중의 마음에 또 다른 여유를 갖도록, 그러면서도 할 말은 하는, 분노를 여유롭게 표현하는 승화된 모습을 요구하시는 것일 게다.

가해자는 오히려 폭력을 동원하는데, 피해자는 오히려 여유를 갖는다. 평화가 있다. 가해자가 분노의 폭력을 행하는 이유는 무엇일까? 그들은 그것만이 생존의 수단이기 때문이다.

처음부터 없었던 사람들은, 처음부터 착취당하고 살았던 사람들은 어차피 잃을 것도 없다. 그래서 이미 천국을 소유하고 있는 것이다.

폭력을 비폭력으로 승화시키는 모습이 오늘 교회들의 모습이 되어야 한다. (조금 글이 난해하구면….)

영화 〈그리스도의 수난〉을 말하는 사람들을 보며

〈그리스도의 수난〉이라는 영화가 꽤 사람들에게 감명 깊었던 것 같다. 이 영화가 개봉되기 전부터 표를 예매해서 본 사람들도 많은데, 나는 아직 그 영화를 보지 못했다. 영화를 보지도 않고 영화를 본 사람들에 대한 말을 한다는 것이 어불성설語不成說이라고 생각될 수도 있겠지만, 나는 그 유명한 영화인 〈라이언 일병 구하기〉라는 영화도 아직까지 보지 못했다. 아니, 일부러 그 영화를 안 보고 있다고 하는 것이 옳겠다. 그 영화를 보기 싫은 이유는 그 영화를 보고 미국의 휴머니즘을 이야기하는 사람들의 호들갑 때문이다. 마찬가지 이유로 〈그리스도의 수난〉을 보고 싶은 마음이 싹 가셨다. 괜히 내가 일부러 꼬장을 부리는 것이 아닌가 생각해 보기도 하지만….

이 영화를 본 후에 사람들의 반응은 대체로 감동을 받은 표정들이다. 기분이 좋은 이유는 영화를 보고 은혜를 받아서 사람들이 그리스도의 고난에 대하여 좀더 깊은 생각을 하고 있다는 것이다. 이 부분에 대해서는 영화를 보지 않은 나로서는 심술을 부려야 할 이유가 되지 않는다. 이런 영화들이 좀더 자주 나와서 사람들에게 기독교에 대한 좋은 인식을 갖도록 하는 기회가 되었으면 좋겠다.

물론 이 영화가 그리스도의 수난에 대하여 우리에게 메시지를 주고 있는 것은 사실이다. 〈라이언 일병 구하기〉라는 영화가 미국의 휴머니즘에 대하여 메시지를 주고 있는 것이 사실인 것처럼….

그러나 우리가 생각해 볼 것은 이런 점이다. 나는 그리스도의 고난이 단순히 우리의 죄 때문이라는 생각에서 벗어나 보고 싶은 욕심을 가져 본다. 왜냐하면 신앙은 개인적이기도 하지만, 그것은 우리의 바람일 뿐 성경은 공동체의 구원을 더 많이 언급하고 있기 때문이다.

그리스도가 그 당시의 고달픈 민중들의 삶을 대변하다가 당시의 기득권층에 의하여 수난 당하신 것을 모르면, 우리의 신앙이 〈그리스도의 수난〉을 보면서도 여전히 우리의 기득권을 유지해 달라는 지극히 개인적이고 이기적인 신앙의 형태로 갈 수밖에 없기 때문이다.

그리스도의 수난은 우리가 겪고 있는 아픔을 대변한 것이다. 우리가 ― 민중이라고 표현될 수밖에 없는 ― 당하고 있는 아픔이다. 우리가 그분의 수난을 철저히 '나'라는 개인의 축복으로만 연결시키는 한 그 영화를 보면서도 또 다른 생각으로 발전시켜 나갈 수가 없다.

그분의 수난을 통해서 또 다른 사람들의 고통과 아픔을 보지 못하는 한 그리스도의 수난은 여전히 외로운 수난으로 머물 수밖에 없다.

잉걸

'잉걸'이란 말은 순수한 우리말이다. 그것은 '나무에 이글이글 타는 불이 붙어 있는 상태'를 가리킨다. 옛날에 송창식이란 가수가 부른 노래 중에 〈가나다라마바사〉라는 제목의 노래가 있었는데 그 가사 중에 이런 내용이 있다. "하고 싶은 말들은 너무너무 많은데…." 아마도 언론이 통제된 시절에 입을 닫고 살아야 했던 당시의 상황을 풍자한 노래일 것이다. '잉걸'은 이와는 조금 다른 뉘앙스를 갖고 있는데, 아무도 관심을 갖지 않는 일에 대하여 속이 터져라 외치는 소리라고 보는 것이 옳겠다.

지난 주일에 나는 교회를 사임했다. 그리고 오늘 새롭게 교회를 다시 시작한다. 사임은 왜 했으며 한 주간도 지나지 않아서 교회를 다시 시작하는 것은 무슨 의미가 있을까? 교회는 다 같은 교회라고 생각하는 사람들에게는 더욱더 나의 행동이 이해가 되지 않을 것이다. 혹시 교회에서 쫓겨난 것은 아닌지, 아니면 무슨 힘든 일이 있어서 피해 가고 싶은 것은 아닌지 하고 생각할 수도 있겠다.

사람들이 여러 가지 생각을 하는 것은 자유인데, 정작 내 속에 있는 생각과는 전혀 다른 추측을 하는 말들을 들으면 속이 터진다. 무슨 잘못된 말들을 한다는 의미가 아니다. 보는 시각이 전혀 다른 데서 오는 괴리감 같은 것이라고나 할까?

나는 꿈이 있다. 사람들은 때로는 나의 이 꿈을 욕망이라고 표현하기도 해서 속이 무척 상한다. 나는 만일 교회를 다시 선택할 수 있는 기회가 주어진다면 버클리 대학이나 스탠포드 대학이 있는 곳으로 가고 싶었다. 그 곳은 유학생들이나 교환 교수들이 많기 때문이다. 그들을 향한 선교의 열정이 있었음에도 지역적인 문제로 그런 일들을 하지 못하는 안타까움이 늘 있었다.

이번에 나는 큰 결심을 해야 했다. 이번 기회가 아니면 교회를 옮기는 것이 어렵다는 판단을 했다. 나이를 더 먹으면 젊은이들을 향한 선교 사역이 더 힘들어질 것이라는 생각 때문이다. 어려운 가운데도 학교에 관심을 갖고 그 일을 추진하던 것도, 이번에 학교를 미리 이 곳으로 옮긴 것도, 교회를 사임한 것도 유학생들에 대한 선교 사역이라는 목표 때문이다. 다른 이유들은 이 계획을 앞당기는 동기였다.

나는 느끼고 있다, 오랫동안 준비해 오던 일들이 서서히 그 윤곽을 드러내고 있는 것을. 그리고 보고 있다, 그 속에서 복음으로 인하여 변화되는 우리 젊은이들의 모습을. 또한 이 벅찬 사역에 동참하는 우리 교회의 식구들의 모습을.

지극히 당연한 말 한마디를 여기에 인용한다.

"오랫동안 꿈을 그리는 사람은 마침내 그 꿈을 닮아 간다."

― 앙드레 지드

포지티브, 네가티브 I

자기 자신의 행위에 대하여 사람들은 이 방법이든 저 방법이든 동원해서 자신의 정당성을 말하는 것이 상례다. 여기서 자신을 표현하는 방법에는 두 가지가 있는데 포지티브positive한 방법과 네가티브negative한 방법이 있다. 일반적으로 네가티브란 말이 주는 어감 때문에 나쁜 의미로 받아들이는 경향이 있는데, 여기서는 그런 의미로 이 말을 사용하지 않는다. 즉 옳고 그르냐의 문제가 아니라 적극적이냐 아니면 소극적이냐는 의미로 이 단어를 사용한다. 물론 이 해석은 내가 하는 것이 아니고 사회학에서 이미 거론되고 있는 말이다.

네가티브한 방법은 자신의 행동을 합리화하는 경우에 '자기 부정'의 방법을 말한다. 예를 들면 법을 지킨다는 말과 법을 어기지 않는다는 말은 많은 차이가 있다. 일반적으로 사람들은 거의 네가티브한 방법으로 자신을 합리화하는 경우가 많다. 법을 어기지 않는다는 말이 바로 네가티브한 방법으로 자신을 설명하는 것이다. 이를테면, 나는 살인을 하지 않는다. 나는 거짓말을 하지 않았다. 그러니 나는 아무 잘못이 없고 의로운 사람이라고 말하는 것이다.

사람들은 선하게 사는 것을 죄를 짓지 않고 사는 것에 국한시키는 경우가 많다. 기독교에도 이런 전통들이 있는데 수도 생활을 하는 사람들의 경우를 예로 들 수 있다. 이들은 죄를 안 짓기 위해서 세상을 피해서 사는 방법을 취한다. 그래서 자신들의 삶의 영역 밖에서 일어나는 일에 대해서는 관계가 없는 일이라고 관여하지 않는다. 자신들의 깨끗함을 유지하기 위해서 죄인들과의 접촉도 금하고 스스로 빛된 생활을 하는 사람들이라고 자기 규정을 하고 산다. 예수님 당시에도 그런 부류의 사람들이 있었는데 에센 공동체의 사람들이 이런 부류였을 것이라고 역사가들은 말한다.

예수님은 이들에 대하여 "빛이 빛끼리 모여 있는 것은 의미가 없다. 빛이 있어야 할 곳은 어둠을 밝히기 위함인데 빛끼리 모여 있다면 빛의 의미는 없는 것이 아니냐"고 물으셨다. 소금이 맛을 잃는다는 말도 같은 맥락이다. 소금이 녹지 않고 소금끼리 그대로 있으면 그것은 맛을 내는 역할을 포기하고 있는 것이라는 의미다. 소금의 위치는 음식 속에 들어가야만 한다는 것이다.

예수님은 빛으로 오셨다. 그래서 그분은 어둠의 무리들 속에 계실 수밖에 없었다. 세리와 창기들 속에 계신 예수님을 보고 당시의 법을 잘 지킨다는 자긍심을 갖고 있던 사람들은 의인이 어찌 죄인들 틈 속에 머물러 있느냐고, 왜 우리와 같은 사람들 속에 머물러 있지 않느냐고 끊임없이 비난을 했다.

분명한 것 한 가지는 일을 하지 않는 사람들 중에 네가티브한 사람들이 많다는 것이다. 그들은 죄를 안 짓기 위해서 일도 포기하는 경우가 많다. 선善이란 던져 주는 것이 아니라 자신을 던지는 것이다. 그래서 때로는 시궁창에 빠져서 허우적거리기도 하는 것이다. 그런데 사람들은 똥 묻었다고 비난을 한다.

포지티브, 네가티브 II

정치를 하는 사람들을 정치가라고 부르는데, 막상 정치는 전문적인 정치가들만 하는 것이 아니라 다양한 사람들이 정치판을 들여다보고 있다. 그리고 그 판을 보면서 훈수를 두는 사람들이 있게 마련이다. 이 사람들을 논객論客이라고 우리는 부른다. 일종의 정치 평론가인 셈이다. 그런데 훈수를 둘 때는 잘 두던 사람도 막상 정치판에 뛰어들면 자신도 방향을 잡지 못하고 갈팡질팡하는 모습을 많이 보게 된다. 평상시에 사람들에게 쓴소리를 잘하는 사람이 자신도 똑같은 우를 범하는 경우를 보는 이유가 무엇일까?

훈수를 두는 사람은 어차피 책임이 없다. 책임을 지지 않으면서 말하기는 너무 쉽다는 것이다. 논객은 상대방의 약점이나 허물을 잡아내기 위해서 존재한다. 그것이 그들의 기본 입장이기 때문이다. 많은 정치판의 논객들이 실수하는 것은, 논객들은 그 평가 대상을 살리기 위해서 논리를 전개하지 않고 그들의 논리 그 자체를 주장하는 경우가 대부분이라는 것이다.

어떤 일의 중심에 서 있는 사람의 입장은 책임을 가지고 있게 마련이다. 일을 추진하는 과정에서 겪는 아픔은 옆에서 구경하는 사람과는 전혀 입장이 다르다. 결과를 얻기 위해서 때로는 무리수를 두기도 하고, 때로는 편법을 쓰기도 한다. 그래서 비논리적이라는 평을 듣기도 하고, 때로는 비도덕적이라는 말도 듣게 된다.

프랑스의 영화는 대단히 수준이 높다는 것이 영화계에 종사하는 사람들의 말이다. 그런데 프랑스 영화가 헐리우드 영화에 맥을 못 추게 된 가장 큰 이유는 프랑스의 영화 평론가들 때문이라고 주장하는 사람들의 논리를 귀담아 들을 필요가 있다.

일을 추진하는 사람들은 대단히 어려운 과정을 겪게 된다. 평론가들은 일의 추진 과정을 보는 것이 아니라 대부분 그 결과만 보고 부족한 부분을 지적하기 때문에 막상 그 일을 책임지고 있는 사람들의 맥이 풀리게 만들어 버린다. 그 속에 들어 있는 그들의 아픔과 고뇌를 보지 못한다는 뜻이다. 운동장에서 공을 차는 선수는 숨이 턱에 닿도록 헉헉거리면서 뛰고 있는데 헛발질 몇 번 하면 해설가들의 비난이 쏟아지고, 그러면 그 선수는 주눅이 들어서 더 이상의 힘을 쏟지 못하고 주저앉게 된다.

미국에서 이민 목회를 한 지도 만 10년이 되었다. 그동안 많은 목회 전문가들을 만날 수 있었는데, 그들 중 많은 이들의 공통점은 교회 생활에 충실하지 않다는 것이었다. 그들은 책임은 지지 않으면서 훈수를 두는 데는 전문가들이다. 우리는 이런 사람들을 네가티브하다고 평한다. 애정이 없는 평론은 사람을 늘 힘들게 한다.

프로가 살맛 나는 세상으로

일본의 유명한 애니메이션 감독인 미야지키 히야오가 "프로가 너무 살기 힘든 세상"이라는 말을 했다. 이 말은 연예기획사의 물량 공세에 밀려서 공연 장소조차 구하기 어려운 대다수(연예계에서는 90%로 본다)의 연예인들의 고충을 토로한 말이다.

먼저 프로란 말의 개념부터 정리해 보자. 프로란 말은 아마추어라는 말과 대비되어서 사용되는 말이다. 더 정확하게는 프로페셔널 Professional이란 말의 약어다.

프로의 개념은 무엇인가?

〈와이키키 브라더스〉라는 영화가 있다. 한국 영화인데 그 내용은 한 음악가가 자기의 음악을 연주하기 위해서 어떻게 사는지를 보여주고 있다. 그 영화를 보면서 내가 생각한 것은 저 모습이야말로 진정한 프로의 정신을 가진 사람의 모습이라는 생각을 했다. 그들은 철저하게 술집 주인들에게 이용당하면서 때로는 굴욕적인 조건 속에서도, 때로는 술주정을 받으면서도 오직 연주하는 한 가지만 생각하고 그것을 위해서 살아간다. 그들의 소원은 오직 한 가지다. 연주할 수 있는 기회와 장소만 주어진다면 어떤 상황도 감당하겠다는 것이다.

요즘 연예인들은 본인의 실력도 있겠지만 철저히 연예기획사의 작품이다. 아무리 실력과 재능이 있어도 그것을 뒷받침할 만한 능력이 없으면 기능인으로 전락해 버리고 만다. 우리는 기획된 연예인의 모습을 보고 산다. 예를 들면 가수를 보면서 그들의 노래만 듣는 것이 아니라 헤어 스타일이나 옷맵시 같은 것들을 본다.

나는 습관적으로 노래하는 가수들 뒤의 밴드를 본다. 가수가 노래하기 전에 나오는 전주나 순간순간 연주되는 그들의 반주를 들으려고 애를 쓴다. 그들이 그런 자리에 서기까지 ― 별로 사람들이 주목하지도 않지만 ― 손가락의 지문이 닳도록 기타줄 위를 오르내리고 팔이 빠지도록 드럼과 키보드를 두드렸다는 사실을 사람들은 잘 모른다. 옷맵시나 헤어 스타일은 음악이 아니다. 아무도 주목해 주지 않는, 어찌 보면 스타의 그늘에서 이름 없이 사라져 버릴 수도 있는 그들의 음악을 주목하는 것이야말로 그들의 프로 의식을 인정하는 것이라고 생각한다.

선수는 선수들끼리 알아준다고 한다. 각색된 프로가 아닌, 진정한 프로들을 알아주는 것이야말로 프로를 프로답게 대우하는 것이기 때문이다. 나는 조용필이란 가수를 좋아한다. 그런데 더 좋아하는 사람들은 '위대한 탄생'이라는 밴드다.

교회는 바로 이름 없는 교인들이 세워 나가는 공동체다. 이들이 진정한 프로 의식을 가질 때 교회는 교회다워진다. 아무도 알아주지 않아도 자신의 일을 소중히 여기는 사람들이야말로 진정한 프로다.

노력한다는 것

　어릴 때부터 교회 생활을 해 온 나는 만일 내가 목사가 되면 아주 잘 할 거라는 자신이 있었다. 감각이 있었기 때문이다. 그래서 다른 사람들이 말하는 노력에 대해서 심각하게 생각한 적이 없다고 하는 것이 더 정확하겠다. 그런데 언제부터인지 그런 감각에 의존해서 하던 목회가 한계점에 도달하고 있는 것을 느끼기 시작했다. 그래서 감각이 아닌, 노력이 갖는 의미에 대해서 요즘 새삼스럽게 인식을 하고 있다. 그리고 자기 자신을 향상시키는 노력의 가치는 천부적인 감각보다도 훨씬 높다는 것을 느낀다.

　사람들은 할 수만 있으면 게을러지고 싶어 한다. 아이들을 기르면서 우리가 하는 잔소리는 어릴 때 우리의 부모들로부터 들어온 내용과 하나도 다를 것이 없는데, 그 대표적인 것이 노력하는 자가 성공한다는 말이었다.

　왜 그렇게 그 일에 대한 노력이 없느냐고 물어보면 혹자는 이런 대답을 한다. 이 일이 정말 목숨을 걸 만큼 좋아하는 일이라면 시키지 않아도 알아서 열심히 한다는 것이다. 그러나 실상 우리가 좋아서 할 수 있을 만큼 우리의 선택의 폭이 넓지 않은 것이 현실이고, 또 그렇다고 해도 좋아하는 것과 노력이 정비례하지는 않는다는 것이다.

　또 사람들은 이렇게 말한다. 자신이 노력을 하지 않아서 그렇지 능히 마음만 먹으면 그 일을 감당할 만한 사람이라고 말이다.

그러나 할 수 있는 잠재력이 있는 것과 그것을 할 수 있느냐는 엄청난 차이가 있다.

신앙 생활도 매한가지다. 자신은 마음만 먹으면 누구보다도 열심히 잘 할 수 있다고 생각한다. 교회 일을 하면서 종종 보면 그런 사람들을 자주 만난다. 어느 날 벼락같이 은혜 받아서 하는 것이 신앙 생활이 아니다. 신앙 생활은 인격의 성숙이 늘 함께 가야 하는데, 인격은 그 사람의 보여지는 행위와 불가분의 관계가 있기 때문이다. 그래서 평상시에 차근차근 공부를 잘 해야 하는 것처럼 신앙의 행위도 늘 지속적인 노력이 함께 병행되어야 한다. 마음만 착하다고 좋은 신앙인이 아니다. 그 착한 일을 지속적으로 하고자 노력하는 신앙인이 되어야 한다.

자신에 대해서 자긍심이 있다면 자신의 그 아름다움과 잠재력을 드러내는 노력을 해야 한다. 스스로 자신을 갈고 닦는 노력을 하지 않고 다른 사람들이 자신을 몰라 준다고 불평을 하는 사람은 어리석은 사람이다. 가능성이 보인다는 것과 가능하다는 것에는 엄청난 차이가 있다.

새해에는 결심만으로 끝나지 말고 실제로 실천에 옮기는 노력을 한번 해보자. 특별히 선한 일을 실천해 보자.

하나님의 축복을 받기를 원한다면, 주시는 분의 마음이라 할지라도 적어도 받을 만한 준비는 되어 있어야 하지 않는가?

청춘이라고?

요즘 한국에서는 태어나면서 주민등록 번호가 주어지지만, 우리 세대는 주민등록 제도라는 것이 중간에 생겼다. 그 때는 친구들이 모이면 주민등록증이 있느냐 없느냐로 어른과 아이를 구분하기도 했다. 주민등록증을 처음 받는 날 나는 어른이 되었다고 생각했다.

군대에서 혹독한 훈련을 받고 나서 느낀 감정도 어른이 되었다는 것이었다. 그리고 결혼을 하고 첫아이를 낳은 후 그 때도 어른이 되었다는 생각을 했다.

그런데 몇 년 전에 딸아이를 시집 보내고 사위의 존재를 새삼 느끼면서 들었던 생각은 어른이 되었다는 것이 아니고 늙었다는 것이었다.

어느 날 문득 화장실의 거울을 통해 내 코밑의 수염이 점점 더 희어져 가는 것을 보면서 늙어 가는 모습을 보았다.

같이 몇 년 간 교회 생활을 한 교우 중에 한 사람이 나를 물끄러미 쳐다보더니 한마디 툭 던진다. "몇 년 동안 참 많이 늙으셨네요."

10년 전에 처음 미국에 왔을 때는 참 젊다는 말을 많이 들었는데 지금은 늙었다는 말들뿐이다.

어른이 되었다고 생각하던 때로부터 늙었다고 생각되기 시작한 기간은 그리 길지 않다. 순간이다. 그러고 보니 10년 세월이 후딱 지나

갔다. 10년 전의 12월 28일은 내가 미국에 살기로 결심하고 들어온 날이다.

중앙일보의 칼럼이 실리는 곳에 있는 내 사진은 꼭 10년 전의 사진이다. 이젠 그 사진 좀 바꿔 줬으면 좋겠는데….

금년이 끝나려면 한 주간 정도 남은 달력의 날들을 세본다. 사람들은 어떤 생각으로 12월의 달력을 볼까? 젊음과 늙음의 간격이 긴 것이 아닌데….

요즘은 자꾸 나의 남은 연수(年壽)에 대해 더 생각이 가는데, 이것이 늙었다는 가장 큰 증거인 것 같다.

진실을 본다는 것은…

밀레라는 화가가 있다. '만종'이라는 그림으로 우리에게 익숙한 화가다. 그 그림을 보면 농촌의 저녁에 바구니에 담긴 감자를 놓고 두 부부가 기도하는 아름다운 그림처럼 보인다. 그러나 실은 바구니 속에 담겨 있던 것은 그 부부가 낳은 아기의 시체였다고 한다. 먹을 것이 없어서 죽은 아이를 놓고 가슴 아파하는 부부의 슬픈 그림이었는데 그 그림을 본 밀레의 친구가 너무 가슴이 아프니 감자를 대신 그려 넣자고 해서 우리가 보는 그림이 그려졌다고 한다.

평화로운 농촌에서 하나님께 감사하는 아름다운 그림이 아니라 무서운 고통과 아픔이 배어 있는 그림이었다고 한다. 이 이야기대로라면 그들이 하나님께 드렸던 기도는 감사의 기도가 아니라 무거운 고통의 신음을 토하는 것이 아니었을까?

언제부터인지는 몰라도 '메리 크리스마스'라는 말 대신 '해피 할러데이'라는 말이 통용되고 있다. 기독교인들이 세운 미국에서 이제는 그리스도의 나심의 정신이 희석되고 성탄절이 아닌 명절의 개념으로 바뀌었다. 종교에 대한 형평성의 문제 때문이라고도 생각하지만 성탄절 대목을 누린 장사하는 사람들의 농간이 아닌가도 생각해 본다. 어쨌든 성탄절을 기쁘고 즐거운 명절로만 지키기에는 마음이 편치 않다. 왜 그럴까?

기독교의 신앙은 예수의 대속代贖을 믿는 것이다. 죄인들 대신 형벌을 받으시기 위해 육신을 입고 이 땅에 오신 사실을 믿는 것이다. 그렇다면 우리의 입장이 아닌 그리스도의 입장에서는 그분이 이 땅에 태어나신 그 순간은 십자가의 고통스러운 형벌을 향해 가는 첫출발점이 되는 셈이다. 뿐만 아니라 그의 탄생을 저지하기 위해서 당시의 임금 헤롯은 수많은 어린아이들을 죽였고, 그래서 아이를 잃은 어머니들의 울음 소리가 천지를 진동했다고 성경은 기록하고 있다.

믿는 우리들이나 그렇지 않은 사람들이나 모두가 예수께서 2000년 전에 이 땅에 오신 사실을 믿는다. 그러나 바라보는 시각은 제각각 다르다. 그 다른 시각이 느낌이 아닌, 사실을 바로 보지 못한 것 때문이라면 문제가 있다. 왜냐하면 무엇을 보느냐에 따라 우리의 생각과 행위가 달라지기 때문이다. 그리스도의 나심을 바로 보지 못하니까 성탄절을 할러데이로 표현해도 아무런 느낌도 갖지 못한다. 오히려 그 날을 우리의 즐거움을 위한 날로 바꾸어 버리고 있다.

성탄절은 오히려 슬픈 날이다. 하나님이신 그분이 고통을 향해 가는 첫 행보를 내디디신 날이기 때문이다. 가슴이 두근거리고 아파해야 하는 날이다. 우리의 죄사함을 인하여 기뻐하기에는 그분의 고통이 너무 크기 때문이다.

회고 懷古

신학교에 처음 들어가서 제일 먼저 읽은 책은 성경이 아니라 *In His Step* 이란 책이었다. 어느 날 수업 시간에 그분이 그 책을 읽고 와서 발표하라고 하셨기 때문이다. 그 책이 오늘 나의 신앙의 인도가 되고 있음은 물론이다.

그분의 설교는 매일 나의 가슴을 두근거리게 만들었다. 나는 그분이 설교하는 날을 손꼽아 기다리곤 했다. 설교를 들으면서 얼마나 많은 눈물을 흘렸는지…. 그리고 나는 늘 그분처럼 설교를 해야겠다고 다짐했다.

그분은 성경 읽기를 무척 강조하셨다. 그래서 입학한 그 해에 나는 성경을 열일곱 번 읽었다. 그분에게 잘 보이기 위해서임은 물론이다. 그분 역시 손에서 늘 성경이 떨어지지 않았다. 그분이 구약성경을 주해하는 시간은 늘 나로 하여금 감격에 떨게 했다. 그분의 강의안 중에 시편 23편 강해는 눈물이 날 만큼 나에게 감격이었고, 그래서 신학교를 졸업한 후에 강도사講道師 고시 때문에 다들 정신이 없는 때에도 그분의 강의안을 기초로 해서 몇 달 동안 「그 하나님의 그 선하심 그리고 그 인도하심」이라는 조그만 성경공부 교재를 집필했다. 그리고 지금까지 난 그 책을 20년 동안을 우려먹고 있다.

그분은 말과 행동이 일치된 삶을 사신 분이었다. 거짓이 없고 좌우로 시선을 돌리는 법도 없이 오직 한 길 성경을 연구하고 가르치는 데 전념하신 분이었다. 충분히 자가용을 타실 만한 위치에 있었지만 늘 버스를 타고 다니시던 분이었다. 그렇게 청렴한 삶을 직접 보여주신 분이었다. 또 정직이 무엇인지를 가르쳐 주셨다. 그분은 마지막 순간까지 성경을 손에 쥐고 계신 분이었다. 성경을 들고 있을 힘이 없어서 성경을 쪽으로 나누어서 보시곤 했다 한다. 사람마다 더러 다른 사람들에게 욕을 먹기도 하지만 그분을 욕하는 사람은 하나도 없다. 그분의 인격 때문이다.

나의 목회는 성경 공부가 전부다. 다른 이벤트성의 목회 방법을 사용하지 않는 내 목회의 형태는 전적으로 그분의 영향으로 인한 것이다. 내가 에스라 성경신학대학원을 설립한 동기도 따지고 보면 그분의 가르침 때문이다. 성경을 바로 가르쳐서 그것이 삶의 근원이 되도록 해야 한다는 가르침을 실천하고자 함이다.

그분은 늘 성실과 정직을 강조하셨다. 신앙인은 늘 정직해야 한다고 말씀하셨다. 전쟁하는 방법을 배우는 사관학교도 정직을 최우선의 덕목으로 삼는데, 영혼을 다루는 목사가 되려는 신학도들은 더 정직해야 한다고 강조하시곤 했다.

그분이 하늘나라로 가셨다, 며칠 전에. 일흔한 살의 이 땅에서의 인생을 마감하셨다.

김진택 목사님, 사랑합니다.

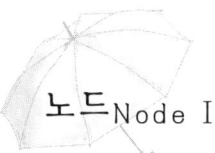

노드 Node I

인체의 구조 중에서 신경 계통을 설명하는 용어 중에 '노드'란 말이 있다. 신경은 일정한 간격으로 잘록하게 들어간 부분이 있는데 신경의 분기는 반드시 이 지점에서부터 시작된다고 한다. 잘 이해가 안 되어서 사전을 보니까 "마디, 결절점 혹은 교점"이라고 설명이 되어 있는데 이해하기가 그렇게 쉬운 단어는 아니다. 더욱이 이 단어는 생체학적인 의미에서 사회학적인 의미로 사용되면 참으로 중요한 단어로 바뀐다.

헤겔은 변증법이란 이론으로 그의 역사철학을 전개한다. 흔히 정반합으로 알려져 있는 이론이다. 헤겔에 의하면 정에서 반으로 나온 역사의 흐름이 합으로 가는 길목에서 그 역사의 흐름의 키를 쥐고 있는 요소를 시대 정신이라고 설명했다. 이 시대 정신은 사람을 통해서 나타나는데, 그래서 이 사람(니체에게서는 초인 사상으로 나타난다)은 그 시대의 영웅으로 나타나게 되어 있다. 이 시대 정신이 프랑스 혁명을 이끈 나폴레옹으로, 이차 대전에서는 히틀러로 나타났다고 한다.

베토벤이 작곡한 교향곡 중에 '영웅'(에로이카)이 있는데, 이 곡은 베를린을 점령하러 진격해 오는 적국의 황제를 위하여 쓰여진 곡이다. 왜냐하면 베토벤에게 있어서 나폴레옹은 그 시대의 정신이었기 때문이다. 이것은 시대 정신이란 말이 갖는 중요한 의미를 보여주고 있다. 역사나 사회학을 연구하는 사람들은 이 단어를 한 시대의 분기점이라는 의미에서 사용한다. 생체학에서 사용하는 노드가 사회학에서는 시대 정신으로 단어가 바뀐 것이다. 문제는 이 노드(분기점)에서는 그 시대의 흐름을 역행하는(딴죽을 거는) 기득권의 격렬한 저항이 있다는 것이다. 그래서 이 시대는 혁명의 시대로도 평가를 받는다.

우리 시대는 분명 격변기라고 불릴 만하다. 특히 인터넷을 통한 의식과 환경의 변화는 과거에 프롤레타리아 혁명이 가졌던 그 무서운 변화보다도 더 격렬한 변화를 우리에게 가져다 주었다. 그 변화는 정보情報의 보편화다. 이것이 포스트모더니즘의 감성주의 문명과 어우러져서 과거에 이미지에 의하여 혹은 권위주의에 의하여 세워졌던 권위들이 순식간에 무너지는 현상을 가져왔다.

그래서 인터넷 시대의 리더십은 철저한 일관성과 정직 그리고 투명성을 통해서만 세워지게 되어 있다. 교회라고 해서 이 분기점에서 예외가 될 수는 없다. 교회에서의 지도자의 권위도 달라질 수밖에 없다. 과거에 금기시되던 문제를 인터넷 시대에는 여과되지 않고 논의되고 사생활도 유리벽처럼 훤히 드러나는 시대에 우리는 살고 있다.

강단과 가운의 근엄함 속에서 누리던 권위도 점점 희석되는 시대에 살고 있다. 요즘 교회의 선택도 아이들이 지루해하지 않는 것이 그 기준이 되어 버리지 않았는가? 교회는 그리스도(예수)라는 노드를 통과해서 세워진 기관이다. 그렇다면 교회의 권위는 그리스도가 우리에게 준 생명에 근거해야 한다. 왜냐하면 이념과 제도와 감성까지도 초월하는 것이 생명이기 때문이다. 이 일이 참으로 어려운 과제다. 아마 우리의 가장 중요한 기도 제목이 아닐까?

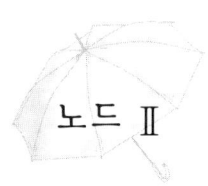

노드 II

2003년 한국 정치계에서 즐겨 쓰던 말은 '코드Code'란 단어였다. 같은 코드를 가진 사람들끼리 만나야 일이 된다는 말들을 하기 시작했고, 그래서 대통령도 장관도 같은 코드를 가진 사람들이어야 한다는 칼럼들이 신문에 실리곤 했다.

틀린 말은 아니다. 그런데 어떤 코드냐는 문제엔 특별한 내용이 없다. 혹자는 개혁이란 말을 코드에 담아 보기도 한다. 그러나 우리가 주의 깊게 보아야 하는 것은 코드란 말에는 흐름이 없다는 것이다. 흐름이 없다는 것은 정체停滯되어 있다는 뜻이다. 결국 흐름이 없다는 것은 썩는다는 결론을 유추할 수 있다. 왜 그런가? 이것은 같은 생각 혹은 같은 취미를 가진 사람들이 자신에게 돌아올 이익을 염두에 두고 이를 공동으로 추구하는 것에 불과하기 때문이다. 그렇기 때문에 결국은 또 다른 이기적인 집단으로 전락해 버릴 수밖에 없다.

교회도 마찬가지다. 분명 예수라는 코드를 갖고 있으나 교회가 세속화되고 부패되는 까닭은 자신들의 기득권을 유지하기 위한, 파워를 갖기 위한 집단이 되어 가기 때문이다. 교회사를 통해서 보아도 이 부패의 사슬을 끊어 내기 위한 몸부림이 있었지만 결국은 개혁을 외치던 그들도 시간이 지나면서 화석화되어 버렸다. 왜 그런가? 코드에는 흐름이 없기 때문이다. 고인물은 썩듯이 아무리 좋은 코드도 흐름이 없다는 것은 죽은 것과 같다. 생명력이 상실되었다는 것이다.

이에 반해 '노드'는 흐름이 있다. 예수라는 노드(분기점, 교점)는 흐름이 있다. 마치 인체의 신경 조직이 연결되어 있듯이, 그래서 그곳에는 필연적으로 자양분을 날라주는 핏줄이 함께 따라가듯이 예수라는 노드는 생명의 흐름이다. 이 흐름은 어느 한 지점에 모이지 않고 골고루 분배되는 특징이 있다. 그래서 결코 고여서 썩는 법이 없다.

신자는 개개인이 노드이면서 예수 노드에 연결되어 있고, 그 연결을 통해서 생명이 흘러들어와 내가 생명을 얻고, 그 흐름은 다른 노드에 생명으로 연결된다. 생명의 흐름이 나를 통과하고 있고 그 흐름의 연장에서 누군가가 나를 통해서 생명을 얻고 있다고 생각해 보라. 그 희열이 얼마나 짜릿한가?

사람들은 재물이나 권력이 나에게 쌓여 있을 때 축복받았다고 생각한다. 아니다. 이와 같은 것들이 생명을 위한 일에 흘러가야 한다. 움켜쥐고 있을 때 갖는 기쁨은 진정한 기쁨이 아니다. 교회는 이 생명의 노드로 연결되어야 한다. 이것이 무소유의 정신이고 생명 나눔의 흐름이다.

내 속을 들여다보자. 무엇이 흐르고 있는지를···.

미안하다고 한마디 하면 되는데…

초등학교를 막 졸업한 후였으니까, 너무 오래된 일이라 일의 전후는 확실히 기억나지 않는다. 그러나 지금도 멋쩍은 기억으로 남아 있는 일이 있다. 그때 나는 신문 배달을 하고 있었다. 새벽에는 한국일보를, 저녁에는 중앙일보를 배달했는데, 중앙일보는 창간호부터 배달을 했었다. 지금도 기억에 선명한 것은 창간 1주년인지는 잘 모르겠는데 하여튼 전국의 신문 배달하는 소년 소녀들을 중앙일보로 초청해서 방송국 견학을 시키고 선물을 하나씩 주었던 것이다. 검정 운동화와 백설표 설탕 한 봉지 중에서 선택을 하라고 해서 난 설탕을 달라고 해서 집에 왔었다.

내가 신문을 돌리던 구역은 홍제동 화장터 뒤편과 논골이라고 불리며 철종의 어머니의 능이 있던 ― 지금은 호텔로 바뀌었다 ― 곳이었다. 당시에 중앙일보를 배달하면서 동아일보를 배달하던 학생과 꽤 정답게 지냈다. 그 친구는 나보다 좀 여유가 있었는지 배달 도중에 만나면 사탕이나 과자를 늘 나에게 주었고 중간에 앉아서 이런저런 이야기도 나누곤 했다. 어느 날 그 친구와 큰 다툼이 벌어졌다. 그 이유인즉 다음과 같다. 신문을 확장하라는 지시가 있어서 신문 구독을 권하던 중 어느 아주머니에게 중앙일보를 보라고 하니까 동아일보를 본다는 것이었다. 그래서 동아일보를 끊고 중앙일보를 보라고 했는데 아주머니가 그 말을 그 친구에게 했고, 그 말을 듣고 그 친구가 엄청 화를 내는 바람에 싸움이 되어 버린 것이다. 그 친구의 말인즉 어떻게 그럴 수 있느냐는 것이었고, 나도 속으로는 미안한 마음이 있었지만 잘못을 시인하기가 싫어서 말대꾸를 하다가 결국은 주먹다짐을 하고 말았다. 그리고 그 친구와는 다시 만나지를 못했다. 참 나에게 다정하게 대해 주던 친구였는데 그만 실속도 없이 친구만 잃고 말았다.

지금 생각해도 내가 너무 속보이는 짓을 했다. 소탐대실小貪大失이라는 말처럼 돈 몇 푼 때문에 마땅히 지켜야 할 신의를 버렸다. 이 일은 나에게 두고두고 무거운 교훈으로 마음속에 자리매김을 하고 있어서 지금도 그와 비슷한 상황에서 어떤 결정을 해야 할 때 중요한 시금석이 되고 있다. 더욱 가슴이 아픈 것은 그런 실수를 했더라도 잘못을 시인하고 미안하다고 말을 했다면 좋은 친구를 잃지는 않았을지도 모르고 마음이 무겁지도 않았을 것이라는 점이다.

사람이 살다 보면 절박한 삶의 곤고함 때문에 순간적으로 눈앞의 이익을 더 우선시하기도 한다. 이럴 때 실수를 인정하는 모습이 진정 용기 있는 모습인데, 나는 그때 그러지를 못했다. 참 부끄러운 어릴 때의 기억이다.

어쨌든 40년 전에 중앙일보의 창간호를 배달하던 어린아이가 지금은 비록 베이 지역에 한정되어 있기는 하지만 중앙일보에 칼럼을 기고하고 있다. 기특도 해라.

톨스토이와 함께

1800년대의 러시아의 소설가 하면 당연히 톨스토이를 꼽는다. 그의 작품인 「전쟁과 평화」, 「부활」, 「안나 카레리나」 등은 불후의 명작이라고 알려져 있고, 이 소설들은 영화로도 제작되어서 우리에게 익숙히 소개된 것들이다. 어릴 적부터 책을 많이 읽었다는 생각을 하고는 있었지만 정작 그 책들이 우리에게 주는 메시지를 읽어내기에는 나의 의식이 너무 어렸을 것이다. 요즘 인생이 쉰을 넘어서면서 그동안의 내 생각들의 변화를 감지하곤 하는데, 그 중에서도 과거에 읽은 책들에 대한 또 다른 해석을 하고 있다는 점이다.

톨스토이도 마찬가지다. 아마 「삼국지」와 더불어 참으로 책이 두껍다는 생각과 함께 어떻게 해서든지 다 읽어야 한다는 생각으로 「전쟁과 평화」와 같은 책들을 읽었다. 아마 그 때가 열세 살이었던 것으로 기억되고 있는데, 책에 관한 한 우리 어머니의 극성도 한 몫을 한 것 같다. 그 때는 무슨 뜻인지도 모르고 대충 스토리나 아는 정도였는데 또래의 아이들 앞에서 책을 읽었다고 자랑하시는 것이 아마도 책을 읽는 가장 큰 동기였던 것 같다.

요즘 나는 톨스토이의 단편을 읽고 있다. 그러면서 톨스토이가 전하려고 애썼던 메시지를 찾아보는 재미가 쏠쏠하기만 한데, 실은 그 내용이 우리가 그토록 많이 읽은 성경만큼이나 감동을 주고 있다는 것이다. 그의 작품에서 늘 볼 수 있는 주제는 사랑, 무소유, 정직과 같은 단어들인데, 실은 이런 단어들은 그의 소설의 내용 속에는 별로 등장하는 말이 아니다. 그의 소설 속에 담겨진 메시지들이다. 그의 단편 중에는 이런 책 제목도 있다. 「사람이 있는 곳에 신神도 있다」. 톨스토이의 사상을 빌려서 말을 한다면, 사람을 아낄 줄 모르는 사람은 하나님도 아낄 줄 모른다는 것이다. 예수님도 그렇게 말씀하셨다. 하나님을 사랑한다면 내 이웃을 그만큼 사랑하는 것이 하나님이 우리에게 주신 율법의 전부라고.

그래서 톨스토이의 작품은 그 배경이 철저히 성경을 바탕으로 하고 있다. 아마도 기독교인이 아닌 사람은 그의 작품 세계를 휴머니즘으로 볼 수 있을 것이다. 그러나 톨스토이의 사랑은 휴머니즘이 아닌 성경에서 말씀하는 예수의 사랑이다. 그래서 그는 늘 사랑이라는 인간관계를 말하면서 하나님 앞에 서 있는 인간을 먼저 말하는 것이다. 특히 그의 단편 중에 「달걀만한 씨앗」에서는 사랑을 상실한 인간관계가 자연을 얼마나 오염시켰는지를 고발하면서 하나님의 뜻을 따라 사는 것이 얼마나 아름다운 것인지를 더불어 전한다.

휴머니즘은 늘 인간의 의지와 감정에 근거한다. 그래서 영속성이 없다. 그러나 하나님의 뜻을 따르는 것은 생명이 있고 영속적이다. 이것은 함께 더불어 삶을 나누는 것이다. 사람을 무시하는 신자는 신앙의 참 실체를 모르는 어린아이와 같다. 그의 열심히 아무리 크더라도….

단판 승부

　기원전 218-201년에 유럽에서는 아프리카의 카르타고와 로마 사이에 지중해의 해상 무역권을 쟁취하기 위한 격렬한 전쟁이 있었는데, 세계사에서는 이를 제2차 포에니 전쟁이라고 한다. 이 전쟁의 영웅은 카르타고의 한니발 장군이다. 한니발은 애꾸눈 장군이라고 더 잘 알려져 있는 사람이다. 초기 전쟁에서 한니발은 칸네라는 곳에서 큰 승리를 거두었는데, 이는 전쟁사에서도 아주 중요하게 연구하고 있는 전투다.

　이 전투에서 한니발은 사기와 군기가 극도로 떨어진 군대를 이끌고 천하무적의 로마군과 싸웠는데 42,000명의 병력으로 두 배의 병력인 72,000의 로마군을 궤멸시켰다. 어떻게 이겼을까?

　이때 한니발이 사용한 전법이 배수진背水陣 전법戰法이다. 이 전법은 더 이상 물러설 수 없는 절박한 상황에서 사용하기 때문에 정상적인 전투에서는 사용하지 않는다. 한니발은 더 이상 원군援軍이 오지 못하는 상황에서, 더구나 42,000명의 병력도 다국적군이었기 때문에 군기도 극도로 약화된 상태에서 이 전법을 사용할 수밖에 없었다. 이것은 죽기살기로 하는 일종의 도박이다. 그러나 한니발은 이 전법으로 승리를 거두었고, 전쟁사에서 연구 대상이 되는 장군으로 명성을 떨치게 된다. 그런데 이 전쟁 후에 카르타고는 오히려 로마에게 멸망을 당하는데 전쟁이 한판 승부로 끝나는 게임이 아니라는 것을 기억하게 하는 대목이다. 한니발은 이후에 스키피오라는 로마의 명장에게 쫓기다가 자살하게 된다. 그리고 카르타고는 201년에 25만 명의 인구 중에 다 죽고 5만 명만 간신히 살아 남았으며 그 사람들도 모두가 노예로 팔려가게 된다. 실제로 한니발을 멸망시킨 사람은 스키피오로 알려져 있지만 정작 한니발의 힘을 뺀 사람은 파비우스라고 하는 장군이었다. 이 사람은 한니발과의 전쟁을 슬슬 피하는 지연전으로 그의 힘을 소진시켜 버렸다.

배수진 전법은 이래 죽으나 저래 죽으나 남을 것이 없는 사람들이 쓰는 전법이다. 결코 힘이 축적되어 있는 사람은 사용하지 않는 방법이다. 그것이 벼랑끝 전술이라고도 불리는 이유다.

인생을 늘 단판 승부로 살아가는 사람들이 있다. 얼른 보면 용기가 있어 보이고 화끈하게 보일 수도 있으나 실은 이런 사람들은 인생을 늘 아슬아슬하게 살기 때문에 옆에서 지켜보는 이들의 간장을 녹이게 된다. 자기가 가진 힘을 모두 다 쏟아 붓는 것은 용기가 아니라 뒷심이 없는 사람들의 만용인 경우가 대부분이다. 그래서 단판 승부에서 이기는 것보다 더 중요한 것은 그 후에 그 승리를 유지할 만한 뒷심을 키우는 일이다. 그렇지 않으면 그 단판 승부에서 힘을 쏟아 버린 후에 지쳐서 제풀에 넘어져 버린다.

지연전을 사용하는 사람들의 특징은 뿌리가 든든하다는 것과 노회 老獪하다는 것이다. 싸우지 않고 상대방의 힘을 빼는 사람들의 힘을 과소평가해서는 안 된다. 한국에서의 재신임을 묻겠다는 노무현 대통령의 배수진 전법을 바라보며….

포구 浦口

한영 사전을 찾아보면 항구를 영어로 '포트port'라고 표기를 해 놓았다. 그런데 포구라는 말도 동일하게 표현하고 있어서 영어에 서투른 나는 좀 헷갈리는데, 내 생각에는 '하버harbour'라는 단어가 더 적절하지 않은가 생각된다. 이 곳 베이 지역에는 마리나marina라고 표시된 곳이 여러 곳 있는데, 그 곳에 가면 어김없이 소형 배들이 정박되어 있는 모습을 보게 된다. 그 곳에 정박된 배들은 굵은 밧줄에 매여 있다. 그리고 질서정연하게 줄을 맞추어 서 있는데, 커다란 배들이 닻을 내리고 정박하고 있는 모습과는 아주 대조적이다.

배들이 밧줄에 묶여 있는 모습을 보는 사람마다 느낌은 다 다르겠지만, 저 배들이 있어야 할 곳은 포구가 아니라 바다 한가운데라는 생각이 든다. 배가 존재하는 이유는 바다를 항해하든지 아니면 고기를 잡든지 하기 위함인데 대부분의 배들은 포구에 매여 있다. 그런데 곽재구 씨가 쓴 『포구기행』이라는 책을 보면 이런 모습을 전혀 다른 느낌으로 표현하고 있다. 그 생각에 나도 동감을 했다. 그분은 이렇게 표현한다. "그 배들은 비록 지금은 묶여 있으나 그것은 또 다른 자유를 향한 기다림이다." 괜히 가슴이 찡해 오는 것을 느꼈.

그리고 보면 포구는 어머니의 젖가슴처럼 푸근한 느낌을 준다. 오랜 항해에 지친 배들이 포구에 정박해 있으면서 또 다른 항해를 위한 준비와 휴식을 하는 곳이다. 그 평안과 안식은 아무런 목적이 없이 묶여 있는 것이 아니라 또 다른 일을 위한 기다림인 것이다.

교회는 무엇일까? 신학적으로 정의된 교회의 개념은 정확히 알고 있는데, 정작 교회가 가져야 할 감정적인 면은 전혀 보지 못하고 있는 자신을 발견하고 소스라치듯 새로운 깨달음을 향한 생각의 흐름들이 생기기 시작한다. 교회를 포구라고 생각해 보니 교회가 가져야 할 또 다른 삶의 현장을 만들어 가야 한다는 생각들이 꼬리를 문다.

교회를 담임하면서 — 목회牧會라고 표현되는 — 사람들을 어떻게 하면 교회로 모이게 할 것인지는 연구하면서 사람들을 어떻게 떠나보내야 하는지는 생각지 못한 우매한 자화상을 본다. 가끔 교인 중에 다른 교회로 옮겨 가는 일을 겪으면서 괜히 자존심이 상하여 괴로워하면서도, 정작 그 사람들은 평안과 안식을 얻어야 할 교회에서 오히려 피곤하고 지쳐서 또 다른 안식의 장소를 찾아가고 있다고는 생각지 못했다. 떠나는 사람의 문제만 보고 괜한 원망과 불평을 하면서도, 정작 내 포구 속에 정박해 있는 동안 당연히 마련해 줬어야 할 어머니의 젖가슴 같은 품을 만들어 주지는 못하고 있었다.

교회에 오라고만 외쳤지 정작 사람들이 있어야 할 곳은 교회가 아닌 세상의 삶의 현장이란 생각을 왜 하지 못한 것일까?

아쉬움

우리 세대의 60년대는 참으로 암울한 시기였다. 어린 나이에 그런 것을 느낄 만큼 당시에는 어려웠지만, 오랜 세월이 지난 지금 생각해 보면 어른들은 더 답답했을 것이라는 생각이 든다.

우리가 살던 동네는 동네 이름은 문화촌이라고 통칭해서 부르던, 마치 문화인들이 사는 동네 같은 느낌을 주는 동네였지만 사실은 서울에서 철거된 사람들이 집단적으로 이주해서 살던 동네였다. 새끼줄을 치고 "여긴 내 땅이요" 하고 선언하면 그곳이 곧 자기 땅이 되던 시절이었다. 온갖 깡패들이 득실거리고 야바위꾼들이 설치던 동네가 바로 문화촌이었다. 그 중에 정부에서 불하받은 집이 아닌 자신의 이름으로 등기가 된 집에서 우리는 살았으니까, 생각해 보면 우리 집의 살림살이는 그 중에 나은 편에 속해 있었던 것 같다. 자기 집을 갖고 있는 사람들도 보통은 한 방에 아이들이 많게는 오륙 명이 우글거리고 살던 곳이었으니까. 골목마다 우리 또래의 아이들이 득실거려서 매일 매일 아이들과 어울려서 노는 것은 더할 나위 없이 좋았던 때였던 것 같다. 우리 집의 형편은 지금 생각하면 쾌적한 분위기였던 것 같다. 나랑 누나랑 독방을 쓰고 있었으니까….

그런데 무슨 이유인지는 잘 모르겠는데, 나는 중학교에 합격했지만 돈이 없어서 등록 기일을 맞추지 못해 입학을 하지 못했다. 어머니가 학교에 가서 사정을 한 것 같은데 아무튼 입학을 못해서 중학교를 못 갔다. 검정고시에 합격한 후에 고등학교를 다녔고, 대학은 한 달쯤 다니다가 돈이 없어서 그만두었다.

오랜 세월이 흐른 후에 신학공부를 하려고 하는데 대학을 졸업하지 못해서 다시 대학의 학부과정부터 시작해야 했고, 이미 아이가 셋이나 딸린 그 때 형편에 가장이 돈벌이를 하지 않고 공부를 한다는 것은 무척 어려웠다.

미국에 와서 공부를 하면서 미국은 참으로 기회의 나라임을 절감했는데, 그 이유는 바로 공부를 하고 싶은 사람은 어떻게든지 공부할 수 있는 기회를 준다는 것이었다. 미국에서 박사 과정을 마칠 수 있었던 것은 미국의 교육 제도 덕분이다. 아마 한국에 있었으면 꿈도 꾸지 못했을 일이다.

한국에서는 중학교 3학년까지 의무 교육을 시행한다는 신문 기사를 읽으면서 우리 때도 그런 제도가 있었으면 중학교를 제대로 다녔을 거라는 아쉬움이 생긴다. 돈이 없어도 공부할 수 있는 요즘, 우리의 자녀들은 우리 때와 비교하면 꽤나 축복된 교육 환경을 갖고 있는 셈이다.

그런데 아무리 좋은 교육환경을 마련해 놓아도 공부하기 싫은 사람은 여전히 공부를 하지 않으니 환경보다는 본인의 의지가 더 중요하다는 생각이 든다. 적어도 공부하는 일만큼은 더욱 본인의 의지가 있어야 한다. 미국으로 이민 오는 이유가 아이들의 교육을 위해서라고들 하는데 공부할 사람은 어디서든지 할 것이고 안 하려고 마음먹으면 제아무리 미국이라고 해도 소용없다.

사이먼과 가펑글

며칠 전 신문을 보니까 산호세에서 큰 공연이 있다고 했다. 사이먼과 가펑글의 콘서트가 열린다는 것이었다. 가 볼 마음이 없었기 때문에 정확한 공연 날짜는 기억하지 못하지만 여전히 어떤 공연이 펼쳐질지 궁금하다.

잘 아는 대로 두 사람은 〈브리지 오버 트러블 워터Bridge over Troubled Water〉라는 노래로 아주 아주 유명한 사람이다. 우리의 이십 대는 언더그라운드의 킹 크림슨과 위의 두 사람이 우리를 지배했다고 해도 과언이 아니다. 더구나 위의 노래는 당시의 통기타와 생맥주의 청년 문화 속에 담겨진 시대 정신이었기 때문이다. 흔히 킹 크림슨의 〈에피탑〉이라는 노래는 염세주의적인 노래로, 〈브리지 오버 트러블 워터〉는 건전한 노래로 알려져 있지만 사실은 두 노래는 다 염세주의적인 내용을 노랫말에 담고 있다.

당시 청년 문화의 한 부분은 대마초였는데, 당시의 가수들치고 대마초에 연루되지 않은 사람이 거의 없을 정도다. 우리의 위대한 가수 조용필(왜 위대한지는 언제 기회를 보아 말하기로 하고)을 비롯해서 윤형주, 송창식 등 거의 모든 가수들에게 대마초는 악상樂想을 만들어 내는 아주 중요한 약물이었다.

갑자기 마약과 〈브리지 오버 트러블 워터〉를 연결시키는 것 때문에 잠시 어리둥절할지 모르겠는데, "험한 세상에 다리 되어 너를 지키리…"라고 번역된 노랫말 속에 나타난 다리가 마약이라는 의미로 사용되고 있었던 것을 그 때는 알지 못했다는 것을 말하기 위함이다. 'Sail on Silver Girl'이라는 가사에서 '실버 걸' 역시 바로 마약을 뜻하는 은어로 당시에 미국의 청년들은 사용하고 있었는데 한국의 우리는 전혀 몰랐다. 이 노래가 워낙 세계적으로 히트하는 바람에 그저 표면적인 가사에 나타난 의미만 부각되었던 것이다.

지금 이 노래는 미국에서 전 세대를 통틀어 가장 인기 있는 명곡이 되어 있다. 그래서 감히 이 노래가 마약을 찬양하는 노래라고 시비를 거는 것조차 송구하지만, 사실은 사실이다. 마약 속에서 현실 도피를 하자는 노래가 세상의 고통을 감당하자는 의미로 변해 버린 것을 보고 마음이 착잡하다. 나도 이 노래를 그렇게 알고 불렀고 지금도 무진장 좋아하고 있기 때문이다.

사이먼과 가펑글은 40년생이니까 우리 나이로 환갑을 이미 훌쩍 넘겼을 텐데, 아직도 젊었을 때의 그 맑은 음색音色을 유지하고 있는지 궁금하다. 그런데 더 궁금한 것은 그 때는 마약을 찬양하는 의미로 부른 이 노래를 지금은 진정 험한 세상의 다리가 되자는 의미로 부르고 있는가이다. 그들이 그런 의미로 노래를 불렀으면 좋겠고 그런 삶의 경험들이 30년이 지난 이번 공연에서 보여졌으면 좋겠다는 기대를 해본다.

잔인함

이야기 하나 : 발바닥 중심에 움푹 들어간 부분을 용천龍泉이라고 한다. 이 곳에 침을 놓으면 아무리 참을성이 많은 사람도 발작을 한다고 한다. 똑같이 침을 놓아도 다른 부분은 다 괜찮은데 어느 부분은 너무 아파서 괴로움을 느끼는 곳이 있다. 한의학에서는 이 곳 용천에도 침을 놓는데 왜 이 곳에 침을 놓는지는 잘 모르겠지만 이 곳에 자주 시침을 하지는 않는다고 한다. 너무 아프기 때문일까?

이야기 둘 : 연못에 개구리가 놀고 있는데 지나가던 어린아이가 무심히 던진 돌에 개구리가 맞아 죽었다. 던진 사람은 아무 생각 없이 한 일인데 정작 개구리는 죽임을 당했다. 그런데 그 죽는 모습이 재미있어서 그 다음에는 쾌감을 느끼면서 돌을 던지기 시작한다.

야누스라는 말이 있다. 희랍 신화에서 비롯된 말인데, 사람들이 갖고 있는 양면성에 대하여 일컫는 말로서 영어에서는 정월을 일컫는 제뉴어리가 바로 이 야누스에서 파생된 말이다. 이 양면성이라는 단어의 의미는 이런 것이다. 얼른 보면 괜찮아 보이는 사람도 깊은 내면을 들여다보면 겉으로 나타나지 않는 깊은 고통과 아픔이 있게 마련이다. 그런가 하면 사람의 고통을 보면서 안쓰러운 마음을 갖는가 하면, 그 고통을 보면서 묘한 쾌감을 갖는 것이 또 인간이기도 하다. 인간이 극도로 잔인해질 수 있는 것은, 인간이 갖고 있는 양면성 때문이다.

　잔인하고 싶은 사람은 없다. 그런데 잔인한 행동을 하는 사람은 왜 생기는 것일까? 첫 번째 이야기는 잔인함이 치료에 사용되는 예다. 이 경우는 본인도 원인을 알고 있고 치료자도 그 원인을 알고 있기 때문에 대화를 통해서 고통을 서로 수납하게 되고 오히려 그 고통이 사람을 치료하게 된다. 문제는 두 번째인데 본인이 잔인한 행동을 하고 있다는 사실조차 인식하지 못하고 있는 경우가 제일 무섭다. 자신의 행동이 상대방의 가장 아픈 곳을 연속적으로 건드리고 있기 때문에 당하는 사람은 처음 몇 번은 참기도 하지만 결국에는 고통스러운 비명을 지르게 되는데, 정작 돌을 던진 사람은 그까짓 일에 성질을 낸다고 또 삐죽거린다. 대화가 되지 않기 때문에 근본적인 문제 해결의 초점을 찾지 못하게 된다. 돌을 던지는 사람은 그것이 얼마나 잔인한 일인지를 인식조차 못하기 때문이다.

　사람마다 드러나지 않은 고통이 상처가 되어 잠복되어 있는 경우가 많다. 그런데 그 상처가 건드려지면 내면에 잠복해 있던 분노가 순식간에 폭발을 하는 경우가 생기는데, 평소에는 아주 이성적인 사람도 이런 상황에서는 자신의 평정을 잃게 된다. 사람에 대한 깊은 이해 없이 생각 없이 던지는 말들에 그 사람이 상처받고 있는지의 여부를 세밀히 볼 수 있는 것, 이것이 사람을 사랑하고 아끼는 처음 출발이다.

너무 쉽게 보는 것은 아닌가?

나의 30대는 신학 공부와 목회에 매달려 있었기 때문에 개인적인 취미 생활을 한다는 것은 거의 불가능했다. 그래서 좋아하는 영화를 거의 보지 못했다. 한국에서는 토요일마다 주말의 명화를 해 주었는데, 토요일에 그런 프로를 본다는 것조차 생각할 수 없던 때였다. 신학을 공부한 지 오륙 년이 지났을 때쯤 아주 우연히 수원에서 영화를 한 편 볼 기회가 있었는데, 그때 본 영화가 〈공포의 외인구단〉이다. 그 영화를 보면서 한국 영화도 재미있다는 사실을 알았다. 그 때까지는 한국 영화는 재미없다고 생각했었는데 그 영화를 보면서 한국 영화에 대한 새로운 인식을 했다.

오랜 세월이 지난 지금 가끔 그 때의 일을 기억하곤 하는데, 어떤 사물이나 상황을 쉽게 평가하고 있지는 않은지 불명확할 때가 있다. 영화가 재미있다, 아니면 재미없다는 평가를 우리는 쉽게 하지만 그 영화를 한 편 만드는 사람들은 그들 나름의 수고와 고충, 과정들이 있다는 것을 간과한다. 그래서 요즘은 영화를 보면서 또 다른 관점으로 보기 시작한다. 그 영화가 주려고 하는 메시지를 찾아보는 것이다. 그러면 때로는 황당한 내용인데도 그 속에서 감독이 표현하려는 열정과 의도를 발견하게 된다. 이런 재미가 얼마나 큰지는 해본 사람만이 안다.

『우리 역사의 수수께끼』라는 책이 있다. 그 책을 보면서 느낀 것은 우리가 우리의 역사에 대해서 너무 무지했다는 생각과 함께 그 무지로 인해서 너무 쉽게 평가해 버린 우리 역사에 대한 재발견이었다.

요즘 나이를 조금씩 먹으면서 사물을 이해하는 나의 태도가 조금씩 달라진다는 생각을 하곤 한다. 그러면서 옛날에 보지 못하던 사실들을 요즈음 보고 있는데, 사람들이 너무 쉽게 말을 한다는 것이다. 쉽게 말한다는 것은 쉽게 사물을 평가하고 있다는 가장 명확한 증거다. 쉽게 생각하는 것이야 본인의 자유지만, 쉽게 말을 하는 것은 상당한 책임이 따른다는 것이다. 그리고 그 쉽게 내뱉은 말이 때로는 상대방에게 깊은 상처를 주기도 한다.

나이를 먹는다는 것은 아마 이런 실수를 다른 사람보다 더 많이 했다는 증거일 텐데, 요즘 그런 실수를 줄이는 내 나름대로의 노력을 하다 보니 말수가 점점 적어진다. 그러니까 사람들로부터 요즘 목사님이 우리에게 관심이 없다는 말을 또 듣게 된다.

명품 名品

누구에게 들었는지 확실치는 않은데, 가문 자랑하는 사람과 얼굴 잘생긴 것을 자랑하는 사람은 사람 노릇을 못한다는 말을 나는 늘 기억한다. 그분의 말인즉, 사람이 변변치 못할수록 부모가 물려준 것을 자랑한다고 한다. 자신에 대해서 자긍심이 없는 사람들이 다른 사람을 기대서 자신의 가치를 드러내기 때문이다.

요즘 젊은이들 사이에는 과거는 용서해도 얼굴 못생긴 것은 용서하지 못한다는 말도 있다는데, 전통적으로 우리 세대가 받은 가치관에 대한 교육과는 아주 상반된 말들이라 그런 말을 들을 때마다 당혹감을 느끼게 된다. 아마 나도 늙어 가고 있는 모양이다. 요즘 사람들은 외모에 무척 신경을 쓰는가 보다. 어떤 때는 화장을 했는지, 아니면 화장품으로 도배를 했는지 구분이 되지 않을 정도로 진한 화장을 한다. 왜 그렇게 짙은 화장을 해야 하는지 잘 이해가 되지 않는다. 자연스러운 자신의 모습을 당당하게 드러내면서 산다는 것이 얼마나 멋진 일인지를 잘 모르는가?

신문을 보니 한국에는 명품 열풍이 분다고 한다. 그래서 가짜 명품까지 나돈다고 한다. 사람들은 꽤 똑똑한 것 같으면서도 어느 부분에서는 머리가 잘 돌지 않는 것 같다. 명품과 자기 자신을 혼동하니 말이다. 명품을 걸친다고 해도 자기 자신이 명품이 되었다고 생각하지 않는다면 그렇게 명품에 집착해야 할 이유가 있을까? 아이나 어른이나 막론하고 브랜드를 입고 다니는 것이 유행인 것이 작금의 세태다. 가치관이 어른, 아이가 똑같다 보니 아이들의 가치관을 이끌 만한 어른들도 거의 보이지 않는다. 그러다 보니 진짜로 희귀한 가치들은 거의 보이지 않는다.

생각해 보라. 내가 입은 명품을 다른 사람이 똑같이 입고 있으면 이미 그것은 명품이 아니다. 명품은 하나뿐이다. 둘 이상이 되면 이미 그것은 명품이 아니다. 그런데 사람들은 다른 사람이 하고 있는 철 지난 것들을 명품인 양 자신을 치장하고 그 안에서 만족하고 있다. 그리고 마치 화장으로 자신을 감추고 있어야 하는 사람들처럼, 이미 명품이 아닌 명품 속에 자신을 감추고 그 속에서 안주하고 있다.

이 세상에 하나뿐인 명품은 무엇일까? 성경은 우리 사람에 대하여 너희가 가장 존귀하며 하나님의 모든 것이라고 말씀한다. 그렇다, 내가 바로 명품이다. 하나님이 가장 존귀히 여기시는 명품이 바로 나 자신인 것을 알아야 한다. 세상의 어떤 것으로 포장해도 나 자신을 온전히 드러낼 수는 없다. 있는 모습 그대로, 그러나 그 속에서 나만이 내뿜는 나만의 향취를 갖는 진짜 아름다운 명품으로 나 자신을 가꾸어 가는 것, 이것이 신앙이 아닌가?

오지게 사는 법

전라도 사투리로 '오지다'라는 말은 '대단히 만족스럽다'는 표현이라고 한다. 오지게 산다는 것은 그래서 대단히 만족한 삶을 산다는 뜻일 것이다. 황희금이란 분이 계신다. 1906년생이니까 거의 백세에 가까우신 분이다. 이분은 늘 밥을 먹을 때 한 그릇을 다 드시는 법이 없다고 한다. 밥이 많이 담겨 있든 적게 담겨 있든 관계없이 늘 몇 숟가락의 분량을 남겨서 고양이 밥을 준다든지 하시는데 먹고살 만한 지금도 여전히 이 일을 거르는 일이 없다고 하신다. 그분 손자의 말을 빌리면 그렇게 남겨진 밥으로 가장 힘들고 어려운 시절에 온 가족을 먹여 살리고 학교에 보내신 것이라고 한다.

로스앤젤레스에 갔다가 책방에 들러서 책을 한 권 샀는데, 그 책 제목이 "오지게 사는 촌놈"이다. 책 제목이 구수해서 한번 편안한 마음으로 읽어 볼 심산으로 그 책을 샀는데, 그 책을 읽다가 그만 울어 버렸다. 내가 책을 읽다가 울기는 두 번째인데 그 한 권이 박영선 목사님이 지으신 『하나님의 열심』이라는 책이었고, 또 한 권이 이번의 "책이다. 먼저의 책이 신앙의 길잡이로서의 충격을 준 책이었다면, 이번 책은 요란하지 않으면서 함께 더불어 사는 것이 뭔지를 담담하게 그려낸 점이 다르다. 황희금 씨의 이야기는 그 책에 나온 내용의 일부다. 살면서 어떤 원칙을 갖고 사는 것도 힘들지만 그 원칙을 평생 지키는 것은 더욱 힘들다. 얼른 보면 별 것 아닌 것 같지만 몇 숟가락의 밥을 늘 남기면서 누군가에게 주고자 하는 마음이 아마도 그분의 평생토록 사는 모습이었을 것이다. 밥뿐이었을까? 모르긴 해도 그분에게는 늘 따뜻한 미소가 있었을 것이고, 논리적인 사고보다는 늘 함께 더불어 살아야 할 대상으로 사람을 보았을 것이다. 그분의 가족들은 아마도 모두가 건강한 삶을 살 것이라는 느낌을 갖는다. 왜냐하면 그분의 변함없는 사람에 대한 배려가 온 가족의 삶에 깊은 영향을 주었을 것이기 때문이다.

생명을 나눈다는 것은 그렇게 큰 일이 아니다. 그러나 쉽지 않은 것은 늘 변함없이 그 일을 지속해야 하기 때문이다. 성경은 십일조(헌금)를 언급하고 있는데 이 십일조를 하나님이 가져다가 쓰시는 법은 없다. 그 헌물은 늘 사람들에게 돌려졌는데, 성경이 그 십일조를 강조한 것은 적어도 십분의 일 정도는 다른 사람에게 배려되어야 할 몫으로 규정하기 때문이다. 비단 재물뿐일까? 말을 하고 싶은 것도 다 쏟아부어 말하기보다는 조금 남겨 놓고 말하면 얼마나 좋을까? 화도 내고 싶다고 다 내지 말고 조금 남겨두면 어떨까?

나는 무소유를 말한다. 이것은 금욕적인 청빈을 말하는 것이 아니다. 내게 주신 것들이 하나님께서 주신 것이라는 의식이 있다면 그것이 어떻게 사용되어야 하는지를 생각하자는 것이다. 그 작은 것들을 통해서 때로는 사람이 살아가는 일에 큰 도움이 되기 때문이다. 생명을 나눈다는 것은 이런 자그마한 배려에서부터 시작된다. 이런 배려가 그분을 오지게 살 수 있도록 한 힘이 아니었을까?

무엇이 중요한가?

어떤 사람이 신부감이 있다고 주위에 있는 사람에게 말했다. 그러자 주위에 있는 사람들이 질문을 해 왔다. 예쁜가? 키는 큰가, 작은가? 대학은 나왔는가? 직업은 무엇인가? 아버지는 무엇을 하는 사람인가? 가문은 어떤가? 여러 가지 다양한 질문들이 쏟아져 들어왔다. 물론 이런 부분들에 대하여 궁금해하는 것은 당연하다. 그러나 제일 먼저 해야 할 질문은 이런 것이 아닌가?

사랑하는가?

나는 오늘 아침에 새 구두를 신었다. 아마 내가 새 구두를 신은 것을 본 사람은 이런 질문을 할 것이다. 누가 사 줬어요? 얼마 주었나요? 미제예요, 한국제예요? 아마도 이런 때에 해야 하는 질문은 이런 것이 아닌가? 잘 맞고 편안하세요?

실은 새 구두이긴 한데 나는 누가 사 왔는지 언제 이런 구두가 있었는지 전혀 아는 바가 없고 기억도 없다. 며칠 전 집 주위를 청소하다가 한쪽에 종이에 싸여져 있는 것이 무엇인지 풀어 보니 구두가 한 켤레 나왔는데 새 구두였다. 한번 신어 보니까 잘 맞아서 불문곡직不問曲直하고 내가 신었다. 이런 사정을 모르는 사람들은 자기의 입장에 따라서 궁금한 것을 물어보는데, 그 궁금한 것이 정도가 지나쳐서 아예 저 구두는 누가 사 줬을 것이라거나 혹은 어떤 이유 때문에 사 줬을 것이라고 자기 나름대로 해석을 해서 결론을 내리고는 혼자 삐지고 난리를 칠지도 모른다.

사람들을 보면 가끔 실소를 금치 못할 때가 있는데 전혀 중요한 것이 아닌 지엽적인 것들을 가지고 고민하는 사람들을 볼 때 그렇다. 그것도 오해에서 시작된 자기의 상상으로 만들어 놓은 시나리오를 가지고….

그래서 참으로 소중하고 중요한 일들에 자신의 시간과 모든 것을 사용해야 하는데 그렇지 못하고 엉뚱한 일에 과민해서 소모적인 삶을 사는 경우를 너무나 많이 보게 된다. 자신만 그런 것이 아니라 다른 사람까지도 피곤하게 만드는 사람들을 많이 본다.

나는 설교는 물론이고 일상의 삶 속에서 가장 중요한 것이 무엇인지를 생각하라고 권면하며 또 그렇게 생각하고 행동하려고 애를 쓴다. 물론 알아주는 사람은 별로 없지만….

가장 중요한 것은 무엇인가? 생명이 있는 사람은 살아야 한다는 것이다. 왜냐하면 그 생명은 하나님이 주신 것이고 가장 거룩하고 귀한 것이기 때문이다.

사랑이 무엇인가? 원수까지라도 죽이지 못하는 것이 사랑이다. 왜냐하면 그 또한 하나님이 주신 거룩한 생명을 가졌기 때문이다.

거룩, 성결 I

양파 껍질의 더러운 부분을 벗겨내다 보면 계속해서 껍질을 벗겨내야 한다. 한참 벗기다 보면 남는 것은 하나도 없게 된다. 신앙을 갖고 있든 그렇지 않든 간에 거룩한 삶을 살고 싶은 소원은 모든 사람들에게 있을 것이다. 문제는 거룩해진다는 것이 양파 껍질을 벗기듯이 우리의 행위 가운데서 더러운 부분들을 벗겨내다가는 실상 우리의 존재 자체가 없어질 수도 있다는 것이다. 대부분의 경우에 이 벗겨내는 작업을 하다가 사람들은 지치거나 지겨워서 포기를 하게 된다.

인간의 능력과 의지는 한계가 있기 마련이라 나름대로 노력을 하지만 어느 한계점에 도달해서 자포자기 상태가 되어버리면 오히려 시작하지 않은 것만 못한, 더 추한 모습으로 남게 된다. 이럴 때 사람들은 우리 인간의 한계를 극복하는 방법으로 기도를 하면서 자신의 부족함을 하나님의 능력으로 채워 가는 종교의 형태를 취하게 되는데 이 또한 기대처럼 쉽게 되는 일이 아니다.

개인적으로 보면 나 같은 경우도 오랫동안 신앙 생활을 해 왔고 더구나 목사라는 신분 때문에 더 노력을 한다고 하지만, 신앙의 연륜이 50년이 지났음에도 여전히 거룩하다고 말하기에는 미흡하기만 하다. 실은 이런 나 자신의 모습 때문에 심한 영적 자괴감을 갖기도 하고 탈진 현상을 겪기도 하면서 진정한 거룩의 의미를 찾는 노력을 해 왔다.

그러다가 발견한 것은 성경에서 말하는 거룩의 의미는 생명이라는 것이었다. 죽은 시체는 아무리 깨끗하게 단장을 해도 시체일 뿐이고 아무리 추해 보여도 살아 있다는 것은 아름답다는 것이었다. 살아 있다는 것은 자라간다는 것이다. 그리고 자라면서 겪는 시행착오들을 통해서 인격과 의식이 성장하는 것이다. 그렇기 때문에 위대한 사도 바울은 범죄한 사람들까지도 어린아이와 같은 사람이라고 표현하지 죄인이라고 쉽게 표현하지 않았다. 자신을 가리켜 죄인 중의 괴수라고 부르면서도….

우리 교회의 홈페이지를 들어가면 처음에 만나는 글이 있는데, 아마 홈페이지를 만든 분의 아이디어겠지만 '생명을 주는 공동체' 라는 타이틀이다. 생명을 준다는 것은 인간의 의지로 가능한 일이 아니지만, 함께 자라 간다는 의미에서 교회의 본질에 대한 대단히 적절한 표현이라고 생각된다. 굳이 다른 종교와 기독교를 구분해 본다면, 인간의 행위를 강조하는 다른 종교가 양파 껍질을 벗기는 것과 같다면, 생명과 부활을 말하는 기독교는 속을 채우는 자라감을 강조한다. 자라간다는 것은 생명이 있다는 가장 확실한 증거이므로….

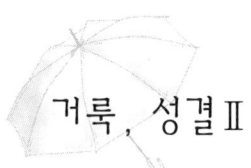

거룩, 성결 II

　기독교 교회사敎會史 속에서 가장 위대한 이론가이며 실천가는 바울Paul이라는 사람이다. 그는 자신을 죄인 중의 괴수라고 말했다. 그런데 정작 바울의 삶 속에는 죄인의 모습이 전혀(법적인 기준에서) 없다. 그는 학식과 교양이 겸비되었을 뿐만 아니라 믿는 신념을 열정을 갖고 행했던 사람이다. 종교적인 계율을 지키는 일에도 최고의 열심을 가졌던 사람으로 묘사되어 있다. 자신을 죄인 중의 괴수라고 해야 할 만한 이유가 터럭만큼도 없다. 그런데도 자신을 죄인이라고 표현한 이유는 무엇일까?

　개념概念이 바뀌었기 때문이다. 개념이 바뀌기 전에 그가 행한 선善은 종교적인 계율을 지키는 것이었다. 규정에 따라 그들의 경전을 읽고, 안식일이 되면 일을 하지 않고, 정해진 시간에는 기도를 빼먹지 않는다든지, 수입의 십분지 일은 성전에 헌금을 하며, 하나님을 부를 때는 가장 경건한 단어를 사용한다든지… 뭐 그런 일들을 열심히 행하는 것을 선이라고 생각했다. 한 치의 오차도 없이 정확한 시간 계획대로 움직인다든지, 욕을 입 밖에 내지 않는다든지, 법이 규정한 죄를 짓지 않는 것을 사람이 사는 도리라고 생각했다. 그 무서울 만큼 정확한 자신의 행동과 열심들이 거룩한 것이며 성결한 것이라고 생각했다.

그런 그가 예수를 만났다. 그리고 생각이 바뀐 것이다. 지금까지 그가 행한 일들을 통해서 나타난 결과들이 다른 사람들을 죄인으로 만드는 법이 되어버린 것을 깨달은 것이다. 자신의 생각과 규범이 다른 사람들을 죄인이라고 규정하고 가차없이 처단했던 것이다. 내 가치관, 나의 행위들이 사람을 정죄定罪하는 기준이 될 수 없는데도 자신도 모르게 자신이 다른 사람보다 뭔가 더 열심히 행한다는 것이 그렇게 되어버린 것이다.

이는 신앙이란 죄를 짓지 않는 것이라고 생각하는 사람들이 쉽게 저지르는 일들이다. 신앙은 죄를 짓지 않는 것에 머무르는 것이 아니다. 거룩이란 죄와 상관없이 사는 것이 아니다. 왜냐하면 인간은 그것이 불가능한 존재이기 때문이다. 결국 성결, 거룩이라는 것들은 인간의 노력에 의해서 평가되는 것이 아니다. 하나님의 권위로 주어지는 것이다.

그것이 무엇인고 하니, 우리 기독교에서는 그것을 십자가의 은혜라고 표현한다. 우리 하나님을 믿는 신자의 거룩함이란 거룩한 분이 우리를 자녀 삼으시고 그분의 생명에 동참케 하셨기 때문에 가능하다. 생명은 내가 노력해서 얻는 것이 아니라 하나님에 의해서 주어지는 것이기 때문이다.

거룩, 성결Ⅲ

어떤 여인이 간음하는 현장에서 잡혀 왔다. 사람들이 법에 따라 죽이자는 분노 속에서 예수님은 그들을 향해 이렇게 말씀하셨다. "너희 중에 죄 없는 자가 이 여인을 치라." 예수님의 이 말에 사람들은 모두 돌을 놓고 가 버렸다. 그 후에 예수님은 그 여인을 향해 이렇게 말씀을 하신다. "너를 정죄定罪치 않는다고."

법을 집행하는 사람의 입장에서는 예수님은 아주 큰 범법자이다. 분명히 죄를 지은 사람에게 죄가 없다고 말할 수 있는 것이 아니기 때문이다. 사람들은 위의 예를 들어서 어떤 사람을 용서하자는 근거로 사용한다. 그럴 수 있는 것인가? 아니다. 법은 법으로서 지켜져야 하는 것이다. 죄는 죄로서 분명히 정죄되어야만 한다. 법 또한 지켜야 한다는 분명한 전제를 잊어서는 안 된다.

그러나 더 깊은 핵심은 다른 것이다. 감히 모세(이스라엘의 위대한 지도자)가 하나님으로부터 직접 받은 계명을 부인할 수 있는 사람은 없는데, 예수님은 법의 권위를 송두리째 뒤집어 버렸다는 것이다. 그런데 아무도 예수님을 범법자로 규정하지 않는다. 왜 그럴까?

법을 뒤집기 위해서는 그 법을 제정한 사람보다 더 힘과 권위가 있어야 한다. 모세의 법으로 죄라고 규정한 것을 예수님은 감히 뒤집으신 것이다. 죄가 없다고 선언하신 것이다. 즉 예수님은 모세보다 더 권위가 있는 분이라는 것이다. 법 위에 계신 분이라는 증거가 된다. 모든 사람들이 죄인의 모습으로 법정에 서 있으면서 추상秋霜 같은 검사의 논고와 함께 형량이 구형되어도 판사가 무죄를 선고하면 무죄가 되듯이, 아무리 우리 인간이 사형에 해당되는 죄를 졌더라도 우리 하나님이 죄가 없다고 선언하시면 무죄가 된다.

하나님의 무죄 선언은 바로 예수님이라는 탁월한 변호사 덕분이다. 이 변호사는 말로 변론하지 않고 자신이 대신 죄 값을 치르는 이상한 변호사이다. 지금 나는 장황한 논리를 전개한다. 그러는 이유는 성결과 거룩을 설명하기 위함이다.

왜 예수님은 이런 독특한 변호를 하고 계신가? 바로 인간에 대한 이해理解 때문이다. 그분은 법이라는 시각으로 우리를 보지 않으신다. 법은 범법만 하지 않으면 죄인이나 악인을 구분하지 않는다. 법은 사람을 살리지 못한다. 법 앞에서는 모두가 범법자일 뿐이다. 그런데 예수님은 우리를 같은 생명을 나눈 형제로 보고 계신다. 그래서 세상이 범법자로 규정한 사람도 예수 앞에서는 그저 사랑스런 피를 나눈 형제로 존재케 된다. 법보다 우선하는 것이 그분에게는 생명이다.

그분은 우리를 살리기 위해서 오셨다. 그리고 그 살리는 일에 우리 믿는 신자들을 부르신 것이다. 자, 우리 한번 생각해 보자. 나는 사람을 살리고 있는가? 정죄하고 있는가?

살리는 일은 생명이며, 생명은 가장 소중하고 거룩한 것이다.

방황 彷徨

지난 주 며칠 동안 샌프란시스코에서 목회자들의 모임이 있었다. 잘 아는 장소이기 때문에 그 곳으로 가는 길에 문제가 있으리라고 생각하지 않았는데, 정작 그 곳을 찾아가는 길을 잃어버리고 말았다. 실상 그 곳은 눈을 감고도 찾아갈 수 있는 곳이었다. 그런데 길을 잃어버린다는 것은 예상치 못한 일이었다. 한 40여 분을 헤매다가 찾기는 했지만 나 자신의 모습이 황당하기만 했다. 곰곰이 생각해 보니 샌프란시스코에 나와 본 지가 꽤 오래되었다. 그동안 여러 곳이 달라져 있었던 것이다. 오래 전의 감각을 믿고 준비 없이 간 것이 불찰이었다. 결국 길을 잃었다는 것은 그 길을 오랫동안 다니지 않았다는 증거였다.

감각과 실제의 차이는 엄청나다. 우리는 막연히 내가 무엇인가를 할 수 있다는 생각을 갖고 있다. 적어도 내가 옛날에는 이런 사람이었으니까 당연히 지금도 그런 사람의 수준에 있을 거라는 생각을 하게 된다. 그런데 막상 오랜 시간이 흐른 후에 과거에 익숙했던 일들을 다시 해보려면 마음과는 달리 몸이 쉽게 따라 주지를 않는다. 몸의 근육이 다른 일에 익숙해 있기 때문이다. 사람을 보면 친절하게 웃어야겠다는 마음은 누구나 갖고 있지만, 특히 우리 한국 사람들의 경우에는 아무런 관계없는 사람들을 보고 미소를 지을 수 있는 것이 쉽지 않다. 아무 때나 실실 웃는 것이 훈련되어 있지 않기 때문이다. 나 같은 경우는 거의 웃는 일이 없는 군인으로 젊은 시절을 보냈기 때문에 더욱 쉽지 않다.

선을 행하는 일도 마찬가지일 것이다. 아픈 사람을 보고 안됐다는 생각을 할 수는 있지만 정작 그 사람의 아픔에 도움을 주는 일에는 익숙하지 않다. 가난한 사람을 보고 안쓰러운 마음을 갖기는 하지만 정작 그들의 필요를 채워 주는 일에는 익숙하지 않다.

신앙 생활은 어떤가? 우리는 경제적 여유가 생기면 교회 생활을 좀 더 열심히 할 것이라는 생각을 한다. 돈이 좀 돌면 가난한 사람들을 도울 것이라는 생각을 한다. 그런데 가난할 때 다른 사람을 돕지 못하던 사람은 부자가 되어서도 다른 사람을 돕지 못한다. 가난할 때 주일을 지키지 못하던 사람은 부자가 되어서도 주일을 온전히 지키지 못한다. 몇 주 동안 학교를 빠져 보라. 아니면 교회를 빠져 보라. 예전의 감각이 없어져 버린 모습을 보게 된다. 서먹하고 어색한 자신의 모습을 보게 된다.

선하고 아름다운 일은 생각만 있다고 되는 것이 아니라, 끊임없는 반복을 통해서 더욱 세련되고 아름다운 일을 하게 되는 법이다.

건망증健忘症

월례月例 기도회가 두 달에 한 번은 쉼터에서 있는데, 기도회를 다녀오는 차 안에서 권사님이 점심 약속을 잊었다며 안절부절못하신다. 나이가 드신 분들이야 약속을 가끔 잊는 것은 흔히 있을 수 있는 일인데, 문제는 아직 한참 젊은 나도 심각할 정도로 잘 잊어버린다는 것이다.

오늘 써야 할 칼럼의 내용도 다른 주제로 잘 정리되어 있었는데 옆에서 전도사님이 오늘 칼럼의 주제는 건망증으로 하면 어떠냐는 말을 들으면서 그만 정리되어 있던 칼럼의 내용을 잊어버렸다. 지금 칼럼을 쓰고 있는 동안에도 내가 쓰려고 했던 칼럼의 내용이 도무지 한 가지도 기억나지 않아서 결국은 전도사님 말대로 건망증에 관한 칼럼을 쓰고 있다.

가끔 교인들이 나 때문에 황당해하는 일이 더러 있는데, 나는 그런 말을 하지 않았다고 우기고 교인들은 분명히 목사님이 말을 했다고 하는 경우가 그 예이다. 그런데 나중에 곰곰이 생각해 보면 내가 그런 말을 한 기억이 나곤 한다. 다 웃고 지나가는 일들이지만 내겐 정말 심각한 건망증이 있다.

재작년에 큰딸의 약혼식을 앞두고 어느 목사님에게 약혼식 주례를 부탁하고는 까맣게 잊어버리고 다른 분에게 다시 약혼식 주례를 부탁한 일이 있었다. 약혼식 전날에 목사님이 약혼식 장소를 묻길래 요번 약혼식은 교인들 중에 어른들만 몇 분 초청했으니 미안하지만 요번 약혼식에는 오지 말라고 말하니 그 목사님은 황당해 하신다. 그런데 정말 기억이 나지 않아서 결국 그 목사님만 우습게 되어 버렸는데, 며칠 후에 생각해 보니 약혼식 주례를 내가 부탁한 것이 기억나서 너무너무 민망하고 미안했던 적이 있다.

이쯤 되면 심각한 병이다.

중앙일보의 나의 칼럼에는 내 사진이 실려 있는데 실은 지금의 내 모습과는 전혀 다른 모습이다. 그 사진은 10년 전에 찍은 사진이기 때문이다. 그 사진은 통통하고 말쑥한 모습이지만, 실제 내 얼굴은 늙어서 주름도 있고 검버섯도 생기고 지저분하다. 신문에 난 사진을 볼 때마다 나는 지금의 내 모습이 그런 줄 알고 가끔 착각을 한다. 지금의 내 모습을 잊어버리고 히히거리면서 살고 있는 심각한 건망증 환자임을 사람들이 아는지 모르겠다.

인연 因緣

나는 신학교에서 오랫동안(?) 교회사를 가르쳐 왔다. 한국에서부터 가르쳐 왔으니까 거의 15년 가까이 되는데, 뭐 15년이 대단한 연수냐고 물으실 분이 계시겠지만 내 인생에서 15년은 적지 않은 시간이다. 교회사를 강의하는 동안 내 강의의 초점은 늘 교회의 본질이 무엇인지를 추구하는 것이었고, 그래서 당연히 강의 성격이 기성 교회에 대하여 좀 반골적反骨的인 분위기가 있게 된다. 요즘은 실제로 목회를 하면서 교실에서 강의하는 것과 실제 목회의 현장에서 행해지는 괴리감 때문에 혼자 당혹해 한다. 교회의 원래 본질에 접근하는 노력을 하고 있다는 것으로 스스로 조그만 위로를 하고 있는 모습을 보면서 원리와 실제를 하나로 이룬다는 것이 얼마나 어려운 것인지를 새삼 느낀다.

이런 분위기 때문에 기성 교회에서 성장한 신앙인들과 교회를 함께 세우면서 겪었던 갈등도 적지 않았고, 극단적인 교회의 개혁을 요구하는 사람들과도 적지않은 힘겨루기를 해야만 하는 과정도 있었다. 딴에는 보수 온건을 지향하면서도 두 양극단에 있는 분들 사이에서 겪었던 어려움이 참으로 컸다. 보수주의 쪽에서는 자유주의자 혹은 무질서하다는 소리를 들어야 했고, 개혁주의 쪽에서는 별수없는 때문은 목사라는 평가를 들어야만 했다.

이런 목회자로서의 태도는 나 혼자 정리하고 이루어진 것이 아니라 누구에게선가 영향을 받은 것인데, 이런 부분에서 가장 최초로 영향을 끼친 분이 나의 첫 번째 교회사 교수님이셨다. 그분의 강의를 들으면서 기존의 교회들을 바라보는 새로운 시각이 생겼고, 그래서 교회사를 나름대로 연구하며 강의하는 것을 즐기기 시작했다. 지금의 목회 형태를 갖기까지 늘 그분의 그 신나는 강의를 마음으로 기억하며 지치지 않고 교회의 본질을 역설해 왔다. 당연히 설교에서 기복주의의 내용은 없어졌고 신앙의 개념을 정립하고자 애를 썼다. 참으로 감사한 것은 이런 목사의 노력을 알아주는 사람들이 몇이 있어서 요즘은 더 힘이 난다는 것이다.

요즘 중앙일보의 종교 면에 칼럼이 실리고 있는데 세 사람의 글이 실리고 있다. 하나는 김만형 목사님의 기독교 교육에 관한 내용이고, 하나는 나의 칼럼이고, 또 하나는 정수영 목사님의 교회론에 관한 글이다. 기가 막힌 인연이라는 생각이 드는데, 김만형 목사님은 나의 신학교 선배이고 정수영 목사님은 나의 신학교 은사님이시다. 같은 코드를 갖고 있는 사람들이 우연히 같은 일간지의 지면을 차지하고 있는 것이 우연인지 필연인지는 모르겠다. 그런데 바로 정수영 목사님이 나에게 교회에 대한 새로운 눈을 뜨게 한 바로 그 교수님이시다.

푸르른 오월에…

밖에서 쿵쿵거리는 소리가 들려서 나가 보니 아이들이 어디서 났는지 낫을 들고 장난을 친다. 부드러운 말로 타이르고 싶은 내 마음과는 상관없이 당장 어떤 사고가 날 것 같아 그만 소리를 지르고 말았다. 눈을 커다랗게 뜬 겁먹은 얼굴로 나를 쳐다보는 아이가 가엽기도 했지만, 우선 당장은 그런 장난을 치지 못하도록 해야겠기에 야단을 쳤다. 그런데 순간 이 아이가 목사는 야단치는 사람으로만 알겠다는 생각이 들어 슬며시 돌아 나왔다.

오월은 '어린이날'도 있고 '어버이날'도 있는데 교회이든 한글 학교이든 가정과 같은 따사로움으로 어린이들을 대해야 한다는 생각이 든다. 우리의 어린이들이 우리 어른들을 보면서 어떤 인생의 목표를 가질까? 우리의 일그러진 모습을 보면서 자란 이 아이들은 어떤 모습의 어른으로 자라 갈까? 이들은 어떤 눈으로 세상을 바라보게 될까? 신경림 씨가 시인들의 성향을 분석해 놓은 『시인을 찾아서』라는 책을 보면서 그 시詩를 통해서 그 사람의 살아온 인생을 볼 수 있었다. 어떤 이들은 쓸쓸함이, 어떤 이들은 민족의 고난에 대한 분노가, 어떤 이들은 송죽처럼 꼿꼿한 지조가 그들의 시 속에 표현되고 있음을 보면서 내가 시인이 된다면 어떤 내용의 시를 지었을까 하고 생각해 보았다. 그 책 속에서 이런 시를 찾아냈다.

혼자서 떠 헤매는
고추잠자리
어디서 서리 찬 밤
잠을 잤느냐?

빨갛게 익어 버린
구기자 열매
한 개만 따 먹고서
동무 찾아라

　권태응 님의 '고추잠자리'다. 이분은 헐벗은 아이들의 가슴에 별을 심은 시인이라는 평가를 받고 있는 분이다. 이분의 시를 통해 세상을 아름다움과 연민으로 보는 청아함을 느끼게 된다.
　우리의 아이들아! 아름답게 자라거라. 해맑은 가슴으로 세상을 바라보는 별을 닮거라.

바코드

참으로 신기한 것 중에 하나가 물건마다 찍혀 있는 바코드다. 늘 컴퓨터를 사용하면서도 이런 물건들의 원리를 나는 전혀 모른다. 젊은 이들이 이런저런 설명을 해 주지만 여전히 나는 이해가 되지 않는다. 그냥 줄이 몇 개 죽죽 그어져 있는 것이 복잡하기만 한데 사람들은 그런 바코드를 이용해서 그 물건의 가격뿐 아니라 특징, 더 나아가서는 재고를 확인하기도 한다. 아마도 바코드를 누가 만들었는지는 모르지만 물류 유통 과정에서 이처럼 획기적인 일은 없었을 것이다.

그런데 이 바코드가 아무리 잘 만들어져 있어도 이것을 판별해 내는 스캐너가 없으면 바코드는 아무 소용이 없다. 이 스캐너는 수만 가지의 바코드를 즉석에서 판별해 내는 놀라운 능력을 갖고 있는데 우리가 사용하는 신용 카드도 이런 종류에 다 속해 있다. 그래서 카드 한 장만 가지고도 우리는 밥도 사 먹고 휘발유도 넣고 한다. 그러므로 스캐너가 없으면 아무리 많은 카드도 제 기능을 발휘하지 못한다.

모르긴 해도 사람들은 나름대로 다 각각 다른 코드를 갖고 있는 것 같다. 요즘 한국에서는 코드가 맞아야 서로가 편안하다는 말들을 하는데, 아무리 코드가 잘 맞는다 하더라도 각각 개인이 갖고 있는 특징은 하나도 같은 것이 없다. 그래서 서로 다른 코드를 갖고 있는 사람들이 모인 곳에서는 맞지 않는 코드 때문에 늘 서로 엇갈리는 감정과 논리의 대립이 있게 마련이다. 교회라고 세상 조직과 다른가 하면 그렇지 않다. 역시 똑같다. 오히려 세상은 서로 다른 코드를 갖고 있더라도 공동의 이익이라는 큰 전제 앞에서 자기의 코드를 맞추어 나가지만, 교회는 어떤 이익을 추구하는 집단이 아니기 때문에 서로의 다름이 더 확연히 드러나게 마련이어서 세상 사람들의 눈에는 더 큰 다툼과 싸움이 있는 것처럼 보인다.

교회가 가져야 할 스캐너는 무엇일까? 어떤 스캐너를 사용해야 모든 이들의 각각의 은사들이 아름답게 사용될 수 있을까? 그리고 하나가 될 수 있을까?

내가 사용해 본 스캐너 중에 가장 성능이 좋은 스캐너를 추천하라면 예수님이라는 아이디를 가진 스캐너를 한번 사용하기를 권장한다. 이 스캐너를 가지고 스캔을 하면 상대방의 아픔, 고통, 슬픔, 기쁨 같은 것들이 정확히 보인다. 그리고 예수 스캐너를 가진 사람은 예수님의 마음으로 어떻게 해야 할지가 즉시 결정된다. 틀림없다. 한번 해보라. 부부관계, 이웃과의 관계, 직장에서 상대방의 코드가 불분명해서 오는 혼란까지도 말끔히 알고 처리하게 만들어 주는 신통력이 있다. 서로 다른 바코드까지 기가 막히게 상생하는 조화를 이루도록 만들어 준다.

흐으음…(이 글을 쓴 이 역시 그렇게 살지 못한 겸연쩍음을 표현하고 있음.)

등사기의 추억

요즘 교회에 다니는 아이들은 그런 추억이 전혀 없을 것이다. 우리 때만 해도 교회에서 하는 일들은 다른 곳에서 경험하기 어려운 일들이 많았다. 예를 들면 군대에 가서 기획이란 것을 배웠는데 배우면서 보니까 이미 고등학교 시절에 선배들한테 구박을 받아 가면서 배운 것들이었다. 이미 고등학교 시절에 한 해의 사업 계획이나 여름 수련회에 관한 기획안들을 만들어서 목사님의 결재를 받곤 했으니까…. 이런 사정으로 본다면 요즘 아이들은 우리 때보다 조금 어리다는 생각이 든다. 하여튼….

그 당시의 가장 큰 추억은 등사기일 것이다. 회지會誌를 만든다든가 교회의 순서지를 만드는 일이 거의 반복되는 큰 일들이었다. 그래서 문예부장으로 선출이 되면 그 다음번 회장은 따논 것이나 마찬가지일 정도로 인기가 있었다. 그땐 글을 예쁘게 쓰는 것이 얼마나 부러웠는지 모른다. 내 글씨는 달필이긴 해도 예쁘게 쓰는 글씨는 아니었던 관계로 그렇게 하고 싶은 문예부장을 나는 하지 못했다. 약 1년 동안 교회의 순서지(주보)를 만들었는데, 가리방에 철필로 글을 쓰는 것이 얼마나 기분 좋은지 긁어보지 않은 사람은 모른다. 등사기에 원지原紙를 걸어놓고 롤라에 잉크를 묻혀서 한장 한장 뽑아 낼 때마다 들어가는 정성은 너무 큰 것이어서 만들어진 인쇄물 한장 한장에 소중함을 담아내곤 했다.

요즘은 컴퓨터로 글을 쓴다. 그리고 프린터로 원판을 뽑아내서 카피머신에다가 돌리기만 하면 글들이 쭉쭉 나오는 시대다. 손에 잉크를 묻힐 일도 없고 너무 쉽고 편하다. 그래서인가 주일에 교회에서 나누어주는 인쇄물들을 귀하게 여기는 모습이 별로 없다. 가끔 로스앤젤레스를 가는데 그곳에서는 신문을 거의 공짜로 볼 수가 있다. 호텔이나 식당에 가면 널려져 있는 것이 신문인데, 옛날 신문 한 장을 배달하기 위해서 이른 새벽에 영하 20도를 왔다갔다하던 때를 생각하면 신문도 대충 읽고 버리는 요즘 사람들의 모습을 보면 왠지 화가 난다.

예배를 마치고 나서 교회를 한번 쭉 돌아보면 여기저기 버려져 있는 순서지들을 볼 때마다 귀한 것을 모르는 세대世代를 본다.

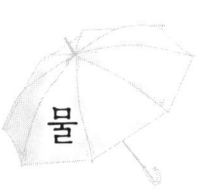

물

물은 참으로 신기하다. 작은 컵에 담으면 그 그릇의 크기만큼, 세숫대야에 담으면 또 그 용도에 맞게끔 변화되고 사용된다. 자신의 의지는 전혀 없어 보이는, 그래서 늘 이용당하는 것처럼 보인다. 자신이 고집하는 틀도 형체도 없다. 다른 사람이 만들어 놓은 틀 속에 갇혀 있는 것 같다.

그런데 물이 있는 곳에는 생명이 있다. 그래서 물 없이는 아무것도 살 수가 없다. 그리고 물은 자기 정화 능력이 있어서 흐르는 물이 있는 곳은 결코 썩는 일이 없다. 바다를 보면 참으로 신기하다. 땅으로부터 각종 오물을 다 받아들이면서도 그 속에서 싱싱한 생선이 나오는 것을 보면 물이 갖는 그 생명력은 참으로 신기하다.

그런데 사람들은 이 물의 소중함을 모른다. 수도꼭지를 틀기만 하면 쏟아지는 것이 물이라고 생각하기 때문에 함부로 낭비한다. 늘 물이 없이는 한 순간도 살지 못하면서 물의 가치를 제대로 느끼지 못하고 산다. 가장 소중한 것인데 가장 무가치하게 사용되는 것이 물이다. 전우익 선생이 쓴 글에는 이런 내용이 있다. "요즘 사람들은 물을 길어서 쓰지를 않기 때문에 물을 아낄 줄 모른다…."

그리고 보니 어릴 적 생각이 난다. 맛있는 생수를 한 주전자 길어오기 위해 약수터에 가서 몇 시간씩 줄을 서 있던 기억이다. 요즘은 물 먹고 싶으면 냉장고를 열기만 하면 된다고 우리 아이들은 생각하기 때문에 약수 한 주전자의 소중함을 모를 것이다. 교회 밴Van을 열면 아이들이 한 모금 먹고 그냥 남겨 버린 생수 병들이 널려 있는데 그 모습을 보면 속이 아프다.

기독교 신자들에게 물처럼 소중한 것이 무엇일까? 요즘은 교회도 많으니까 교회의 소중함도 별로 모를 것이고, 성경책도 너무 흔해서 그 소중함도 모를 것이고, 예배 시간도 오라는 데가 너무 많아서 그 소중함을 모를 것이고….

부활 주일에 이 지역의 교회들이 함께 모여서 새벽 예배를 보면서 이런 자유스러운 예배를 보기 위해 얼마나 많은 사람들이 피를 흘렸는지를 알고 있는 사람들이 몇이나 될까 하고 생각했다. 또한 부활하신 예수가 우리에게 얼마나 귀하고 소중한지를 느끼고 있는 걸까? 그분이 우리에게 주신 생명, 거룩, 존귀함의 가치를 우리는 얼마나 깨닫고 있는가? 그분께 드리는 예배의 소중함을 기독교인들 자신은 얼마나 알고 있을까?

연약한 자의 신음

어릴 때 군사혁명이 일어났다. 그리고 우리는 늘상 어떤 구호에 시달리면서 살아왔는데, 아마 혁명 후에 들었던 최초의 구호는 '잘살아 보세'라는 구호였던 것 같다. 그리고 육칠 년이 흐른 후에 어떤 선생님으로부터 한국의 건국이념에 관하여 강의를 들으면서 우리나라의 건국 이념이 '홍익인간'이라는 것을 배웠다. 그때 그분은 '홍익인간'의 뜻이 무엇인지 아느냐고 물으면서 어려운 말로 구호를 삼는 것보다 '잘살아 보세'라는 구호가 얼마나 현실적이고 깨닫기 쉬우며 얼마나 큰 동기를 부여하느냐고 하셨다. 오랫동안 그 말을 당연한 말로 들어왔고 그런 쉬운 구호들을 목회를 하는 동안에도 적용해 왔다.

지금에 와서야 어릴 적에 들어왔던 그 구호들이 인간을 얼마나 단세포적인 동물로 만들었으며 획일적으로 변질시켰는지를 깨닫고 있다. 우리의 뇌리 속에 박힌 '잘살아 보세'라는 말이 모든 일의 동기였으며 얼마만큼 잘산다는 목표에 대한 수단을 정당화시켰는지 우리는 그 폐해를 너무나 많이 느끼고 있다.

신학교에 들어가서 배운 단어 중에 좀처럼 잊지 못하는 단어는 '교회 성장'이라는 말이었다. 이 '교회 성장'이라는 단어 앞에서 어떤 일의 원리를 주장한다는 것은 그저 몽상가의 탁상공론이라는 따돌림이 교회 안에도 만연해 있었고 무조건 교회를 크게 키워야 한다는 구호들이 교회의 존재 이유까지도 변질되게 만들었다.

고등학교에서 처음 '홍익인간' 이라는 말을 들은 후에 거의 35년이 흐른 지금 원리와 과정이 무시된 획일적인 구호들이 우리의 인간관계를 얼마나 척박하게 만들었는지를 곰곰이 생각한다. 아마 그 선생님은 못사는 한국의 현실에서 어찌되었든 잘살아야 한다는 소망을 갖고 계셨던 것으로 이해하지만 지금 나는 그분의 강의를 생각하며 또 다른 반론을 생각하고 있다. '홍익인간' 이란 말은 분명히 어려운 단어이지만 버려서는 안 되는 말이라는 것이다.

'잘살아 보세' 라는 말보다 '함께 더불어 생명을 누리자' 고 말했다면 아마도 내 인생이 좀더 일찍 다른 삶을 살았을지도 모른다는 생각을 한다. 함께 더불어 살아가는 삶의 지평을 넓혀 가는 일에 좀더 분명한 가치관을 가졌더라면 하는 아쉬움이 있다. 그랬다면 목회를 해도 좀더 다른 차원에서 했을 거라는 생각이다.

우리는 이라크와 전쟁을 하는 미국을 보면서, 또 그 전쟁에 파병을 해야 하는 노盧 대통령의 고민을 보면서 국가의 이익이라는 명분 앞에서 함께 더불어 산다는 삶의 원리가 무너지는 것을 목도한다.

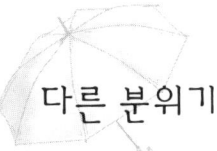
다른 분위기

나는 워낙 물건 사는 일을 싫어하는지라 — 아니, 더 정확히 말하면 가게에 가는 일을 싫어한다는 것이 맞겠다 — 어떤 물건들을 사람들이 사고 파는지를 잘 모른다. 뿐만 아니라 공공의 장소에 잘 다니지 않다 보니 사람들의 분위기를 제대로 모른다. 미국 음식이 별로 체질에 맞지는 않지만 사람들을 만날 때 미국 식당에 가는데, 그 이유는 한국 식당에 가면 아는 사람들을 만나게 되고 그럴 때마다 아는 척을 하지 않을 수도 없고 그래서 밥 먹다가 계속 일어나야 하고, 그러다 보면 대화의 흐름이 자꾸 끊기게 된다. 그러고 보면 내가 무슨 미국 식당에는 자주 가는 것으로 오해할 수도 있겠지만 실상은 거의 미국 식당에도 가지 않는다. 유석 집사가 스시 집을 개업한 후에는 더욱 그렇다.

그런데 로스앤젤레스에 가면 아는 사람이 거의 없는지라 한국 식당엘 가는데 그것도 꽤 쏠쏠한 재미가 있다. 로스앤젤레스에 가면 한인들이 모여 있는 대형 백화점 같은 것이 몇 군데 있는데 이 곳에 가면 거의 모든 물건을 살 수 있다. 책방, 레코드 가게 그리고 음식점도 종류별로 모여 있기 때문에 참으로 편리하다. 이 곳 베이 지역하고는 분명히 다른, 편리한 점이 많다. 그리고 분위기도 전혀 다른 것 같다.

이 전혀 다른 분위기가 무엇인지를 심각하게 생각해 본 일이 없는데 며칠 전에 로스앤젤레스를 갔을 때 이 다른 분위기의 실체를 파악할 수 있었다. 그런데 마음이 여간 찜찜한 것이 아니다. 웬 식당에 그렇게 한국인들이 많은지, 그것도 점심 시간에 북적거리는 많은 사람들의 모습이 그저 즐겁고 재미있게 느껴지지가 않는 것이었다. 바로 한국의 강남의 분위기였기 때문이다. 삼삼오오 앉아서 식사를 하는 사람들의 모습을 유심히 살펴보았는데 거의가 여자들이었고 그들의 옷매무새는 여지없는 한국의 중산층의 매무새였다.

더 신경질이 난 것은 몸살 때문에 진해 거담제를 사기 위해 약국에 갔는데 거기서 들은 대화의 내용이 우리 서민들을 짜증나게 만드는 내용이었다는 것이다. "약효가 있나요?" "그럼요, 탁월한 효과가 있습니다." 무슨 이야기인가 하고 유심히 들었더니 살 빼는 약 이야기였다. 나는 우리 동네, 아니 우리 교인들이 살 빼기 위해서 약을 먹어야 한다는 말을 듣지 못했다. 다들 먹고 살기 바빠서 자신들의 몸매도 돌아볼 여유도 없고 우르르 몰려다니면서 밥 먹는 일도 거의 보지 못하는데 말이다. 아마 우리 교인들뿐 아니라 이 곳 베이 지역의 대부분의 한국인들이 그런 모습일 것이다. 너무 다른 분위기다.

한쪽에서는 전쟁을 하느라고 사람들이 죽고 건물이 불타고 난리들이고, 한쪽에서는 너무 먹어서 살을 빼느라고 난리들이다. 아직도 지구상에는 기아에 허덕이는 사람들이 수를 헤아리기 어려울 정도로 많은데 먹느라고 낭비하고, 빼느라고 낭비하는 일부 한국인들의 모습이다. 언제부터 이렇게 되었나, 우리가?

감동感動

가끔 화가들의 그림을 보면서 어떻게 이렇게 그림을 그려내는지 감탄을 하곤 하는데, 대부분은 내가 그림을 제대로 그리지 못해서 그들의 그림 솜씨 때문에 그러는 것이다. 실상 그림을 잘 모르는 나는 그림을 보면서 감동을 하는 일은 거의 없다. 그런데 내가 요즘 감동을 받고 있는 그림책이 있는데 보리 출판사에서 출판된 『나무도감』이라는 책이다. 그 안에 그려진 나무들의 그림을 보면서 생명이라는 차원에서 감동을 받고 있다. 그리고 그 그림을 보면서 이토록 모든 사물 속에 우리가 보지 못하는 신비로움이 있다는 것에 감동을 받고 있다는 것이다. 감동이라는 단어보다는 감격이라는 말을 쓰는 것이 더 옳을지 모르겠다. 어떻게 이런 부분을 볼 수 있을까?

우리가 보지 못하는 미세하고도 세밀한 부분들까지 그려낸 그들의 관찰력은 대단하다. 그렇다! 우리가 별 관심 없이 보는 것들을, 대수롭지 않게 보고 넘기는 것들을 그들은 보고 또 보고, 그리고 그 안에 있는 것들을 정말 정밀하게 묘사해 내고 있는 것이다.

황대권 씨가 지은 『야생초편지』라는 책이 있다. 황대권 씨는 간첩이라는 억울한 누명을 쓰고 오랫동안 감옥에 있던 사람이다. 그가 감옥에 있으면서 벽 틈에, 마당 한구석에 핀 한 포기 잡초를 세밀히 관찰하면서 긴 서간문을 썼는데 그 속에서 우리가 보지 못하는 잡초 속에 담겨진 아름다움과 유익함을 담담히 써 내려가고 있다. 버려지는 잡초 속에서 새로운 생명의 가치를 발견해 낸 것이다. 그래서 잡초가 아닌 야생초라는 새로운 가치를 만들어 낸 것이다. 우리가 생각지 못했던 것을 그 자신이 발견한 것이다. 그런데 그가 그런 생명의 가치를 발견한 것은 그가 거대한 체제로부터 가차없이 버림받고 있을 때였다. 거기서 그는 버림받고 짓밟혀 있는 잡초들을 살피면서 그 속에 담겨진 가치를 세밀하게 깊이 바라볼 수 있었고 그것을 묘사할 수 있었던 것이다.

천국은 어떤 사람들이 들어가느냐는 사람들의 질문에 어린아이를 가슴에 안고 이런 소자 하나 하나에게 그 가치를 부여하는 사람들이 하늘나라에 합당하다고 하신 예수님의 말씀을 우리는 기억한다. 아마 그래서 그분은 우리 같은 무지렁이 인생들이 새로운 생명을 얻고 가치 있는 인생을 살도록 자신을 포기하실 수 있었을 것이다. 그래서 오늘도 잡초 같은 나를 세밀히 살펴보고 계신 그분의 눈길을 의식하고 있으니 감동할 수밖에….

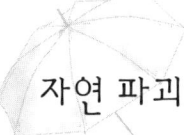

자연 파괴

내가 교회의 담임목사로 부임하자마자 옆의 콘도 단지에서 항의가 들어왔다. 그 항의의 내용은 교회 건물 벽에 쓰여져 있는 교회 이름을 지워 달라는 것이었다. 그 때만 해도 내가 내 건물에 그림을 그리든 낙서를 하든 무슨 참견이냐고 생각했다. 그래서 그 글을 지우지 않고 버텼는데 나중에 교회 이름을 바꾸면서 할 수 없이 그 글을 지울 수밖에 없어서 지웠다. 그런데 지우고 나니까 교회가 주위의 풍광과 아주 잘 어울린다고 느껴지면서 진작 지울 걸 그랬다는 생각이 들었다. 당시는 교회를 선전해야겠다는 생각 때문에 주위 건물들과의 조화를 생각지 못했는데, 지금 생각하면 유치하고도 천박한 이기적인 모습이었다.

난 지금 한국 땅의 남녘을 지나가고 있다. 험준한 지리산의 끝자락을 더듬으며 산과 강 그리고 바다로 이어지는 우리의 숨결이 담겨진 땅을 지나고 있다. 그런데 답답한 마음이 도를 넘어서 분노를 가지고 우리의 땅을 바라보고 있다. 너무나 황폐해진 일그러진 모습의 우리 땅을 바라보고 있다.

공장마다 기업체마다 음식점마다 울긋불긋 단장을 하고 자기를 드러내고 있는데 조화되지 못한 모습들로 제멋대로 어울리지 않게 칠해진 페인트, 그리고 균형을 잃은 커다란 선전 문구들이 내가 그토록 보고 싶었던, 그리워했던 우리 땅의 아름다운 모습을 무참히 깨버리고 있다. 그런데 더욱 마음이 쓰린 이유는 그 부조화된 풍경 속에 교회도 함께하고 있다는 것이다.

무소유無所有

　청빈淸貧한 삶을 살아가는 사람들을 보면 우리는 존경심을 갖게 된다. 그런데 살다 보니 어쩌다가 가난하기 때문에 청빈한 삶을 사는 것과 충분히 누릴 수 있는데도 그것을 포기하고 청빈한 삶을 사는 것은 구분이 되어야 한다. 즉 청빈한 것과 무소유의 삶은 구분되어야 한다는 것이다. 청교도적인 삶에 대한 우리의 인식은 검소와 근면인데, 문제는 이들이 자신들의 검소한 삶을 통해서 축적된 부富를 나누는 삶으로 연결하지 못했다는 데 있다. 그래서 축적된 부가 자본주의를 형성하게 되었고, 이런 자본주의의 폐해는 오늘도 사회의 구조적인 악으로 잔재되어 부익부, 빈익빈의 격차를 더욱 심하게 만들어내고 있는 것이 현실이다. 청빈은 있는데 무소유는 없다는 말이 되겠다.
　무소유의 삶이란 무엇인가? 간단하게 말하면 나누는 삶이다. 즉 내 것을 내 것으로 소유화하지 않는 것이다. 말은 쉽지만 이것을 실천하는 것은 무척 어렵다. 내가 정당하게 피땀 흘려 힘써서 얻은 것들을 포기하는 것이 얼마나 어려운 일인가? 그것도 먹을 것 안 먹고 입을 것 입지 않고 모은 것들을 남을 위해 나눈다는 것은 대단히 어려운 일이다.
　결국 청빈은 자신의 근면과 성실함까지는 가지만 그것으로 끝이다. 아마 대부분의 사람들이 여기까지는 할 수 있다고 본다. 자신의 노력과 의지에 의하여…. 그러나 우리는 청빈의 삶이 무소유로 연장된 삶으로 가야 한다. 왜냐하면 나누는 삶은 다른 이들에게 생명을 주기 때문이다. 즉 무소유의 삶은 생명을 만들어 내는 삶이다.

  기독교 정신은 그 근원을 사막에 두고 있다. 그래서 신학적인 용어를 빌려서 말하면 '사막의 영성the spirit of desert'이라는 말을 쓴다. 사막이란 무엇인가? 많은 것을 짊어지고 살 수 있는 곳이 아니다. 많이 짊어질수록 고달픈 곳이 사막이다. 그래서 사막은 단촐하게 사는 것이 무엇인지를 우리에게 가르쳐 준다. 그리고 남는 것은 누군가를 위하여 남겨지는 곳이 사막이다. 사막의 오아시스는 물이 있지만 사람들은 물 한 방울도 아껴 쓴다. 그래야만 내가 절제한 만큼 다른 사람이 그 물을 마실 수 있기 때문이다. 물 한 방울이 어떤 이들에게는 곧 생명으로 연장되기 때문이다.

  우리 교회는 지금 주일 예배를 드린 후에 나누는 식사의 반찬을 줄이는 일을 실천하고 있다. 단순히 일거리를 줄인다는 목적 외에도 충분히 누릴 수 있지만 절제해서 남는 여력을 좀더 의미 있는 곳에 사용하자는 또 다른 목적이 있음을 알면 우리의 노력이 좀더 새로운 모습이 될 수 있을 것이다. 우리는 너무 풍요한 시대를 살기 때문에 절제의 참된 의미를 잃기 쉬운 때가 아닌가?

게토 Ghetto

　게토란 중세 시대에 유럽에서 유대인들을 격리시켰던 장소를 말한다. 이것이 나치 시대에는 유대인들을 인종 청소하려는 목적으로 사용되었다. 이 게토는 여러 곳에 있었는데 폴란드의 바르샤바 인근에 있는 곳이 그 규모가 가장 컸다고 한다. 바로 이 게토에서 유명한 홀로코스트라는 명칭이 생겨났다.

　프랑스의 사회학자 촘스키는 유대인들의 홀로코스트는 반독일적인 언론에 의하여 실제보다 더 부풀려졌다고 말하는 바람에 한동안 프랑스의 주류에서 밀려났다가 최근에야 복원된 사람이다.

　이 게토라는 말이 미래에는 어떤 의미로 사용될 것인가? 아마도 불법으로 입국한 체류자들이나 갈 곳이 없는 천민들이 모여 사는 곳이라는 의미로 사용될 것이다. 그래서 주류 사회에서는 이 게토에 머무르는 사람들을 항시 범죄 유발의 가능성이 있는 불온한 집단으로 인식하게 될 것이다. 그래서 게토는 사람들에게 늘 경원시되는, 가까이 갈 수 없는 그런 곳이 되고 없어져야 할 집단으로 인식되리라는 것이 미래 학자들의 견해다.

　유럽의 역사 속에서 유대인들은 늘 천대받아야 했고 재수 없는 사람들이라는 말을 들어 왔다. 세익스피어의 「베니스의 상인」이라는 소설이 그 대표적인 예다. 그 소설의 샤일록은 고리대금업자였는데 악

랄한 유대인의 상징으로 묘사되고 있다.

많은 유대인들이 항변한다. 그것은 유대인들에 대한 오해라고…. 어느 의견이 옳은지 아직 잘 판단이 서지는 않지만 중요한 점은 왜 그런 오해를 사고 있느냐는 점이다.

교회를 가리켜서 에클레시아ecclesia라고 한다. 이 말은 '어느 집단으로부터 불러냄을 받았다'는 뜻이다. 이 말은 엘리트적인 집단이라는 뜻이 아니다. 특별한 사역이 주어졌다는 의미에서 사용되어야 한다. 그런데 이 말이 장소적인 의미로 사용되고 다가갈 수 없는 특별한 사람들의 모임으로 인식되면 대중 속에서 늘 소외되는 특별한 사회 계층으로 전락되고 만다. 세상 사람들에게 전혀 도움이 되지 않는 자기들의 이익만을 추구하는 집단으로 인식된다면 게토와 하등 다를 것이 없다는 말이다.

작년인가 모 신문에서 교회를 개혁해야 한다는 기획물을 보면서 한편으로는 분노가 일었지만, 한편으로는 교회의 모습(나 자신을 포함하여)이 개혁 대상으로 인식되고 있다는 사실에 그만 마음이 씁쓸했다. 물론 그 글을 쓴 사람이 교회를 얼마나 알고 썼는지는 모르겠지만….

소금

 소금이라는 말은 옛날에 소에 금을 싣고 다닌다고 해서 나왔다고 한다. 1907년 부평에 대규모의 천일염 단지가 생긴 후부터 소금이 대량으로 생산되기 시작했는데 그 전에는 소금이 금보다 더 귀했다고 전해진다. 옛날에 들은 이야기인데, 한겨울에 쌀과 소금을 담았던 가마니 하나면 겨울을 났다고 한다. 즉 소금에 절은 볏짚을 빼서 빨아 먹었다고 한다. 〈왕건〉이라는 드라마를 보면 왕건의 둘째 부인이 소금장수의 딸이었던 점으로 보아 당시에 소금은 부의 상징이기도 했던 것 같다. 하긴 봉급이라는 말의 Salary가 라틴어의 Salarium에서 시작되었다는데 그 어원은 역시 Salt였다고 하니, 동서고금을 막론하고 소금은 돈의 가치를 가졌던 것 같다.

 요즘은 워낙 소금이 대량으로 생산되기 때문에 소금의 가치에 대하여 별로 심각하게 생각하는 것 같지 않지만 소금은 우리 인체에 없어서는 안 되는 아주 귀한 것이다. 우리 인체는 하루에 소금을 12, 13 그램을 섭취해야 한다고 한다. 우리 몸에 소금기가 없으면 정신불안, 현기증, 식욕 부진, 권태, 피로 등이 생긴다는데, 젊었을 때 군대에서 격렬한 훈련을 할 때 땀을 많이 흘리면 염분 부족으로 탈진하는 일들이 많았다. 그래서 소금에 절인 물수건을 팔에 감고 있다가 어지러워지면 소금에 절은 손수건을 빨던 기억이 난다.

뿐만 아니라 소금은 부패를 방지하는 기능이 있어서 소금에 절인 자반은 교통 수단이 별로 없던 내륙 지방에서 겨울을 나는 아주 요긴한 음식이었다고 전해진다.

우리가 느끼는 가치보다 소금은 훨씬 더 우리 일상의 삶에서 없어서는 안 되는 아주 긴요한 것이다.

성경에서는 예수님께서 믿는 사람들을 가리켜 빛과 소금이라고 하셨는데, 아마 일찍부터 예수님께서는 소금이 얼마나 귀한 것인지를 알고 계셨나 보다. 빛은 약간 추상적인 개념인 반면, 소금은 아주 실질적으로 느껴진다. 그래서 하는 말인데, 우리가 과연 세상 사람들에게 필요한 존재로 실질적으로 느껴지고 있는지….

사람들이 가끔 나에게 "교회가 왜 있어야 합니까?"라는 질문을 해 올 때마다 보여줄 수 있는 교회의 모습이 없다는 것 때문에 많은 고민을 한다.

새해에는…

'훌훌 털고 새로운 출발을 합시다'라는 광고 카피를 신문에서 본 것 같은데, 정말 훌훌 털 수만 있다면 얼마나 좋을까? 인생이 털고 싶다고 털 수 있는 것이라면 인간 세상에 무슨 고민이 있을까?

원인 없는 결과가 없듯이 과거가 없는 미래는 없다(이것은 진리다). 그렇다면 훌훌 터는 것으로 새로운 출발을 할 수는 없는 일 아닌가? 요즘 한국 정계는 개혁에 대한 요구와 옛 일에 대한 분명한 예우가 상충되고 있어서 좀 시끄러운 모양이다. 그러나 분명한 것은 과거의 일을 그냥 묻어버릴 수만은 없는 일이고 과거의 일들을 새롭게 만들어 가는 것이 지혜이지만 참으로 어려운 일이라는 것이다.

지금은 새로운 한 해를 시작하는 때이면서, 그래서 새로운 계획을 세우는 때다. 이러한 일들을 위해서 지난 일들을 꼼꼼히 먼저 정리해 보는 것이 좋을 듯하다. 그리고 무조건 터는 것이 아니라 활용해야 할 것과 버려야 할 것을 잘 구분해야 한다. 불도저로 밀어붙이고 신도시를 건설하듯 그렇게 인생을 살면 보기에는 시원할지 모르나 참된 지혜는 아니다.

영국 런던의 길은 대단히 좁다. 거기에 많은 차들로 인해서 교통 체증이 만만치 않은데, 그 좁은 도로를 활용하는 그들의 지혜를 나는 볼 수 있었다. 큰 차를 생산하지 않고 모든 도로를 일방통행으로 만들어서 좁은 도로를 효과적으로 잘 활용하고 있었다. 재개발이라는 명목으로 무조건 쓸어버리고 새로운 것을 만드는 일에 익숙해 있던 나에게 런던 방문은 뭔가 인생을 깊이 생각하게 만드는 계기가 되었다.

새해에는 막힌 도로를 뚫듯이 인간관계에서 막힌 부분을 뚫는 일들을 시도해 보자. 힘들고 어렵다고 보지 않고 뒤돌아서면 되는 그런 편리한 방법 말고 힘들어도 뚫어 가는 노력과 진지함을 가져 보자.

죄 많은 인생들이지만 하나님은 쓸어버리지 않고 십자가를 통해서 새로운 인생으로 만들어주셨다. 그리고 지금도 여전히 말이 통하지 않는 우리 인생들을 향해 무한한 인내를 갖고 설득하고 계신다는 것을 기억하자. 우리를 포기하지 않으시는 하나님의 태도, 그것을 우리 기독교에서는 은혜라고 말한다.

성탄절 유감

옛날에는 '메리 크리스마스'라는 말로 성탄절을 표현했는데, 요즘은 '해피 할러데이'라고 표현한다. 부활절에도 추수감사절에도 이런 식의 표현을 하는 모습을 보면 미국인에게 성탄절은 1년에 한 번 돌아오는 휴가 기간일 뿐이라는 생각이 든다.

나는 목사이지만 가급적이면 목사의 냄새를 풍기지 않으려고 노력하고 특히 일반인들도 보는 글을 쓸 때는 더더욱 기독교 용어를 사용하지 않는 편이다. 왜냐하면 특별한 용어를 사용하지 않고도 일상의 삶과 언어에서 얼마든지 신앙을 표현할 수 있다는 믿음 때문이다.

그럼에도 불구하고 '해피 할러데이'라는 말에 시비를 거는 이유는, 예수님의 탄생이 너무 지독하게 상업적으로 이용되고 있기 때문이고 성탄절 기간을 휴가로 즐기는 사람들이 성탄절의 의미를 단순히 노는 기간이라고 왜곡된 인식을 하게 될 것 같아서다.

한국에서는 성탄절뿐만 아니라 석가 탄신일도 공휴일로 지정하고 있다. 이런 추세라면 모슬렘 신도가 많아지면 마호멧의 생일도 국가 공휴일로 지키자고 나올 것이다. 애초에 성탄절을 국가 공휴일로 만든 것이 미국의 영향이라면 이 문제는 심각하게 재고해 봐야 한다. 종교의 자유를 말하는 민주주의 체제하에서 특정 종교의 창시자의 생일을 공휴일로 정하는 것은 위헌의 요소가 있는 것 아닌가?

우리 기독교인들은 좀더 깊이 생각해야 한다. 우리의 이기적인 발상이 또 다른 위험으로 부메랑이 되어 돌아온다는 것을…. 그래서 나는 '해피 할러데이'라고 부르는 성탄절을 국가 공휴일에서 제외시켜야 한다고 생각한다. 성탄절을 통해서 얼마나 기독교가 세상에 알려졌는지는 모르겠으나, 지금은 오히려 성탄절 공휴일 때문에 기독교가 왜곡되고 있으며 세상의 다른 종교들과 같은 취급을 받고 있다고 본다. 그러므로 성탄절은 우리 기독교인의 순수한 절기로 지키는 것이 좋겠다.

주일학교를 다니던 어린 시절에 나는 기독교가 국가 종교가 되었으면 좋겠다는 생각을 했었다. 그러면 세상의 모든 사람들이 하나님을 믿는 사람이 될 것 같았기 때문이다. 또 한 가지 생각나는 말은 "악화는 양화를 구축한다"는 것이다. 좋은 일에는 그 순수함을 넘어서 자신의 이익을 좇는 부류들이 늘 더 기승을 부리기 때문이다.

단풍

    교회에 있는 단풍나무의 단풍이 금년에는 좀 늦게 드는 것 같다. 예년 같으면 벌써 낙엽이 되어서 떨어져야 하는데 금년에는 이제야 단풍이 들고 있다. "붉게 단풍이 든 모습이 참으로 아름답네요." 새벽 기도를 마치고 나오는 교인에게 이런 말을 했더니 금년에는 날이 덜 추워서 그렇다고 한다. 그러고 보면 단풍이 들고 안 들고가 어떤 특정한 시기에만 결정되는 것이 아니라 날씨에 의해서도 좌우된다는 셈이다.

    살다 보면 여러 부류의 사람들을 만나게 된다. 그럴 때마다 본의 아니게 관상을 보게 되는데 — 그 사람의 운세를 보는 그런 것이 아니고, 살아온 흔적을 살펴보는 — 어떤 이들은 살아온 연륜에 비하여 곱게 나이가 드셨다는 느낌을 받는 경우가 있다. 그런 경우에 우리는 흔히 부러운 마음을 갖게 된다. 그 반대의 경우에, 참으로 인생을 거칠게 살았다는 느낌을 갖는 것과 함께 어떻게 저렇게 살 수밖에 없었을까 하고 안쓰런 생각을 하게 된다.

    그런데 곰곰이 생각해 보니까 그런 것은 자신의 선택에 의해서 결정되는 것이 아니라는 것이다. 마치 단풍이 드는 시기를 단풍나무 자신이 결정할 수 없는 것과 마찬가지다.

    우리 인생을 우리가 결정할 수 있다면 얼마나 좋을까만, 우리에게는 거의 그런 결정권이 없다. 주어진 환경 속에서 그저 최선을 다할 뿐이다. 누군들 곱게 늙고 싶지 않을까? 아무리 최선을 다해도, 좀 천박하게 표현한다면 재수가 지독히도 없는 사람들이 있다. 그들 중 대부분은 정직하게 성실히 살아도 인생이 제대로 풀리지 않았던 사람들일 것이다.

그리고 보면 "백설이 만건곤할 때 독야청청獨也靑靑"할 수 있는 것도 자신의 선택이 아니다. 그러니 독야청청도 자랑할 것이 되지 못한다.

그래서 조상 자랑하는 사람(놈)들은 바보다. 자신이 선택한 것이 아님을 자랑하는 것은 천치들이나 하는 짓이다.

금년을 마감하는 때다. 어떤 기준으로 나 자신을 돌아볼까? 돌아봄의 화두를 담담淡淡이라는 말로 정해 보면 어떨까?

비 雨

한국은 지금쯤이 눈이 오는 계절이다. 눈은 참으로 사람의 마음을 푸근하게 해주는데, 그래서 사람들은 첫눈이 오는 것을 기다린다고 한다. 이 곳 샌프란시스코에는 눈이 오지 않는다. 그러나 전혀 섭섭하지 않다. 나한테는 첫눈에 대한 추억도 없기 때문이다. 오직 생각나는 것은 옛날 〈닥터 지바고〉란 영화를 보면서 그 엄청난 설원의 모습에 잠시 낭만에 젖었던 십대의 기억뿐이다.

오히려 나에게는 비가 어울리는 것 같다. 그래서 그런지 눈에 대한 노래는 별로 아는 것이 없는데, 비에 관한 노래는 얼른 생각해 보아도 스무 곡은 메들리로 부를 수 있을 정도다. 나는 겨울의 샌프란시스코가 너무 좋다. 골든게이트 브리지를 통해서 뽀오얀 비안개에 젖은 샌프란시스코를 보는 맛은 본 사람들만 안다. 9년 전 미국에 와서 골든게이트 브리지를 건너 산안셀모의 신학교를 다녔는데 공부도 힘들고 한국도 가고 싶었던 나는 어느 날 공부를 마치고 살리나스의 집으로 돌아가면서 무척 우울했던 것 같다. 그날 마침 비가 내리고 있었는데 다리를 건너기 전에 잠시 쉬면서 본 샌프란시스코는 너무 아름다우면서도 내 우울한 마음을 그대로 보여주고 있었다. 칠칠맞게 울었던 기억이 난다.

한국에서의 기억을 떠올려 보면, 청평 댐을 지나 다시 한강 하류를 따라 얼마쯤 가면 계곡에 민박집이 있다. 가끔 기도원 대신 그 집에 며칠씩 가곤했는데 갈 때마다 장마철이었던 것 같다. 넉넉한 아주머니께서 소나무 군불을 때 주시곤 했는데 여름이지만 그 솔내음이 깃든 향긋한 연기가 모락모락 방구들 틈새로 배어오는 것이 참 좋았다. 그 집은 마루 쪽지붕이 생철로 되어 있었는데 소나기가 쏟아질 때 생철 지붕에서 나는 요란한 소리가 그렇게도 좋을 수가 없었다. 더 기가 막힌 것은 따끈한 커피 — 검불이 둥둥 뜬 — 의 진한 향기와 함께 그 소리가 너무 잘 어울린다는 것이다. 참으로 편안한 시간을 보내곤 했었다.

비가 올 듯하면서도 날씨만 궂은 채로 사람의 애를 태운다. 비가 오면 교회의 패티오에 나가서 커피 한 잔 마시면서 아랫 동네 구경을 해야겠다. 생각만 해도 아이, 좋아라.

순수 시대

요즘 대통령 선거를 앞두고 있는 한국의 모습을 보면서 정말 좋은 사람이 선출되었으면 하는 간절한 바람이 있다. 모두가 다 국가와 민족을 위하여 출마했다고 하는데, 정말 그런지는 두고볼 일이다.

출마한 사람들에게는 인재풀이라는 것이 있다던가? 그러나 좋게 말해서 인재풀이고 조금 비아냥거린다면 자신의 이익을 위하여 특정인에게 줄대기라는 생각을 갖게 된다. 정말 순수한 열정으로 사람들 앞에 서 있는 사람은 누구일까?

박영택이라는 분이 쓴 『예술가로 산다는 것』이라는 책이 있다. 그분이 한국의 곳곳에 숨어 살고 있는 예술가들을 찾아내서 그들의 삶을 간략하게 기록한 기행문이다. 그 책 속에 그려져 있는 사람들 — 작가의 눈을 빌려서 보면 — 은 정말 자기의 예술 세계를 표현하기 위하여 자신의 전 삶을 바치고 있는 사람들이다. 이 책에는 신앙으로 사는 어떤 종교적인 모습은 전혀 나타나 있지 않지만 그것을 읽노라면 가슴이 아리도록 감동이 온다. 많은 신앙간증문들을 보면 그들의 이기적인 요구를 들어주는 하나님에 대해서 말하는데, 이들은 그런 모습이 보이지 않는다. 누가 알아주든 상관없이, 어떤 대가를 바라지도 않고 자신이 옳다고 생각하는 일들을 묵묵히 하고 있는 모습을 자신이 말하는 것도 아니고 옆에 있는 사람들이 담담하게 그리고 있다. 사진으로 본 그들의 작업하는 모습은 작가의 연출이 가미되었다는 전제를 가지고 보아도 실로 엄숙하고 진지하게 느껴진다. 그리고 해맑은 모습이다. 어떤 종교인들의 모습에서도 느끼기 어려운 그런 모습이다.

교회에서는 이맘때면 어김없이 추수감사 주일로 지키는데 통상 이런 날은 헌금이 다른 때보다 많이 나오는 편이다. 아마 하나님의 은혜로 1년 동안도 잘 살았다는 감사의 표현일 것이다. 순수한 그들의 마음이 담겨진 헌금이라고 생각하면서도, 또 다른 한편으로 다른 사람들보다 더 잘 살아보겠다는 자신의 이기심이 충족되었다는 마음으로 드려진 것이라면 그것은 이미 순수한 것이 되지 못한다는 걱정이 앞선다.

요란하지는 않아도, 난 우리 교인들이 순수하게 담담히 세상을 살아가는 모습을 보고 싶다. 아니, 내가 보고 싶은 것보다 그것이 하나님이 원하시는 모습일 것이기 때문이다. 우리 명성교회의 가족들은 어떤 마음으로 하나님께 감사의 표현을 할까?

우리는 자신의 예술 세계를 담담히 그려내는 예술가보다 더 순수함으로, 더 진지하고 엄숙하게 서 있어야 하지 않겠는가? 왜냐하면 우리는 하나님이 주신 생명을 갖고 있는 존재들이니까….

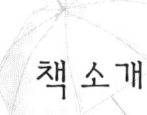
책 소개

자주 서점에 들르는 재미가 있었던 한국에 비하여 이 곳 미국에서는 서점에 가는 것이 쉽지 않다. 산호세가 지척인데도 한 번 다녀오는 것이 대단히 어렵다. 그러고 보니 산호세를 가 본 지도 1년이 다 되어 가는 것 같다. 서점에 가면 새로운 신간들을 살펴볼 기회가 있는데, 한국의 교보문고나 종로서적이 갖는 다양함이 이 곳에는 없는지라 서점에 가도 그저 그렇다는 생각을 해 왔다.

우리 교회 목사님들과 함께 로스앤젤레스를 갔다가 서점에 들러서 몇 권의 책을 골랐다. 책 값이 워낙 비싼 곳이라 책을 산다는 것이 무척 망설여지던 차에 옆의 목사님이 오늘 책 값은 당신이 몽땅 쏘겠다고 해서 체면 불구하고 예닐곱 권의 책을 골랐는데 그 중에 꽤 괜찮은 내용이 담긴 책을 하나 고른 것 같다.

책의 내용은 어느 불교 신자에게 보낸 편지를 엮은 것인데, 목사가 불교 신자가 지은 책을 읽는다고 뭐라고 하실 분이 있을 것 같아 신경은 쓰이지만 생각하면서 읽을 만한 책이라서 소개해야겠다. 사실 구원이라는 신학적인 교리를 빼버리면 일상의 사는 문제는 어찌 보면 우리가 흉내낼 수 없는 사람들이 세상에 널려 있지 않은가?

어쨌든 이 책은 고집쟁이 농사꾼으로 알려진 전우익이란 분이 지은 것인데, 그분이 담담하게 농사지으면서 우려낸 맑은 마음을, 그러나 세상을 보는 날카로운 식견을 보면서 너무 마음이 즐거웠다. 지난번에 한국을 방문했다가 질린 일이 있었는데 너무나 많은 간판들이 천박하게 난립해서 정신이 하나도 없었다. 교계도 무슨 교회 성장 프로그램이다 세미나다 해서 정신이 하나도 없다. 세상을 향하여 머리띠 두르고 투쟁하는 모습들 때문에 차분하게 함께 살아가는 모습들을 보기가 어려운데 이 책을 보면 담백하면서도 담담한 마음이 느껴지고 그런 중에도 세상을 향하여 배려하는 마음을 엿볼 수 있어 참으로 귀한 책이라 여겨진다.

현암사에서 출간한 『혼자만 잘 살믄 무슨 재민겨』라는 책인데 꼭 읽어보았으면 좋겠다. 그리고 책은 웬만하면 빌려보지 말고 돈 주고 사서 보는 것이 좋다는 것이 내 생각이다.

임시 교인, 임시 목사

올해 70세인 피에르 부르디외는 프랑스 최고의 사회학자로 일컬어지고 있는 사람이다. 그가 쓴 "신자유주의에서 벗어나기"라는 글이 있다. 이 글 속에서 그는 오늘날의 기업들이 신뢰와 협력, 그리고 충성을 강조하지만 실제로는 고용인의 3/4을 임시직으로 충당하고 있다고 지적했다.

옳은 지적이다. 사실 옛날(?)에는 어느 회사를 들어가면 그 회사에서 평생 동안 일한다는 생각을 가졌기 때문에 충성이라든가 한 가족이라든가 뭐 이런 말들을 굳이 해야 될 필요가 없었다. 요사이 이런 말들을 옛날보다 더 많이 강조하는 이유는 무엇일까? 아마 이런 것일 것이다. 고용인이나 고용주나 이익을 주고받는 선에서 서로의 존재의 필요를 느끼고 있기 때문일 것이다. 그렇기 때문에 고용인의 입장에서도 회사가 자기에게 이익을 주지 못한다고 생각하면 가차없이 직장을 옮기게 된다. 그래서 우리는 하나라는 말들을 더 많이 해야 하는 것이다.

그러나 실상은 말과는 달리 자신들의 이익을 위해서 사람들을 이용한다. 성과급이라는 미명하에 무한 경쟁을 피 말리게 시키면서 서로를 불신하고 시기하게 만들면서 한 가족, 한 공동체를 강조하고 있는 것이다.

이런 상황 속에서는 결국 고용주도 고용인도 인간 관계를 단순한 이익을 가져다주는 용도로만 보기 때문에 피차 인격적인 신뢰 관계 같은 것은 없다. 일회용 그릇처럼 한번 사용하고 곧 용도 폐기되는 임시적이고 일시적인 관계일 뿐이다. 눈앞의 이익이라는 짧은 목표가 깊어야 할 인간 관계를 임시적으로 만들어 버리는 것이다.

이민 교회의 교인 이동이 너무 심하다. 한번 교회를 정하면 거의 평생을 다니는 것이 관례인 한국과는 달리 이 곳의 교회들은 목사들도 교인들도 한 교회에 오래 다니는 모습을 보기가 쉽지 않다. 그래서 한 교회를 오래 섬기는 목사님을 보거나, 역시 한 교회를 오래 섬기는 교인을 보면 존경심이 우러나온다.

신뢰가 바탕이 되지 않으면 이런 모습이 나오기 어렵기 때문이다. 교인들이나 목사를 자신들을 위한 이용물이 아닌, 같은 가족이라고 생각하는 개념이 없이는 참으로 어려운 일이다. 교회는 이익을 추구하는 집단이 아니고 천국을 함께 만들어 가는 신앙의 공동체이기 때문이다.

혹 교회를 옮기고 싶은 마음이 든다면 그 이유를 곰곰이 생각해 볼 일이다. 나의 자존심 때문인지, 아니면 불의가 있기 때문인지를…. 또 다른 사람을 향한 또 다른 가치를 혹은 동반자인 것을 얼마나 느끼고 있는지를….

엊그제 교회의 역사 일지를 잠깐 들여다볼 때 30년 전에 있었던 교회 창립자 명단에 우리 최 권사님의 이름을 다시 보면서 다시 한번 마음으로 감사를 드린다. 나도 이 교회에서 정년까지 목회하다가 은퇴하면 좋겠다. 지금 함께 하고 있는 신앙의 동반자들과 더불어….

10월에 생각하는 일들

한국 같으면 10월에는 대단히 중요한 행사가 많다. 우리가 별로 피부로 느끼지 못하고 있을 뿐이다. 국군의 날, 개천절, 한글날 등…. 옛날에는 유엔데이라고 해서 그 날도 공휴일로 지켜졌는데 어린 마음에 공휴일이 취소된 것을 무척 섭섭하게 생각했던 것 같다. 지금 생각해 보면 유엔데이를 노는 날로 만들어야 할 이유는 없었고 당연히 그 날이 법정 공휴일로 지정된 것은 취소되어야 마땅하다.

이 곳 미국에 이민을 온 지도 거의 10년이 다 되어 간다. 초기에는 먹고사는 것 자체가 힘들어서 이것저것 생각할 겨를이 없었는데 어느 정도 세월이 흐른 지금은 이민 사회를 여유를 갖고 보게 된다. 그런데 조금 이해가 가지 않는 것이 한국의 날 행사다. 그 날의 행사를 어떻게 치르느냐는 문제는 엄밀하게 말해서 내가 말할 내용은 아니다. 내가 말하고 싶은 것은 왜 한국의 날을 8월 15일 전후로 하는지가 의문이라는 것이다. (이 글이 신문에 실리면 어떤 반응을 보일는지 좀 신경이 쓰인다.) 왜냐하면 8·15라는 날은 일본과 관계된 날이지 한국이라는 이미지를 만들어 내는 날은 아니기 때문이다. 일본이라는 나라로부터 받은 식민 통치는 절대로 잊어서는 안 된다. 그러나 한국의 날을 일본이 패망한 날로 지키는 것은 조금 그 의미가 제대로 전달되지 못하는 것 같다. 좀더 먼 곳으로부터 추적된 한국의 날을 지키는 것이 더 좋을 것 같다는 생각이다. 물론 8월 15일을 한국의 날로 정한 데는 여러 가지 이유가 있을 것이라는 생각을 해보지만 글짓기 같은 행사를 8월 15일에 하는 것은 좀 이치에 맞지 않는 것 같다.

10월에는 개천절과 한글날이라는 중요한 날들이 있다. 물론 개천절을 지키자고 말하면 한국에서 일어나는 단군상 철폐 운동을 하는 사람들이 벌떼같이 일어나 우상 숭배하는 일에 목사가 앞장선다고 난리를 칠 것이 분명하니, 차라리 한글날을 한국의 날로 지키면 8월 15일을 한국의 날로 지키는 것보다는 훨씬 더 의미가 있다고 생각된다.

목사가 복음이나 전하고 교회나 잘할 일이지 쓸데없는 글을 써서 구설수에 오른다고 걱정하는 분들의 모습이 어른거린다. 아! 그러고 보니 중요한 날 하나를 잊고 있었네! 10월 10일은 내 생일이구나….

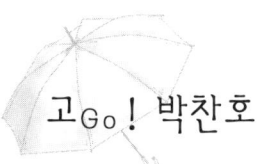
고Go! 박찬호

내가 한국에 있을 때 야구장에서 직접 프로 야구를 처음 본 것은 20년 전에 청룡과 삼미 슈퍼 스타즈의 경기였다. 잠실 야구장에서 보았는데 야간 경기였다. 그때 느낀 것은 조명에 비친 야구장의 잔디가 무척 아름답다는 것이었다. 그때 참으로 인상 깊었던 것은 삼미 팀의 장명부 선수였다. 내가 응원하던 팀은 MBC 청룡이었고 그 팀이 아마 8회말에 1점을 내고 이긴 것으로 기억하는데 그때 청룡팀의 투수가 누구인지는 기억하지 못하지만 패전 투수인 장명부 선수는 선명하게 기억을 하고 있다. 원래 내가 좋아하는 선수는 지금 기아의 감독인 김성환 선수였고, 그 다음에는 고인이 된 김정수 선수였다. 그럼에도 불구하고 장명부 선수를 가장 선명하게 기억하고 있다. 참으로 당당한 체격으로 마운드에 서 있는 그를 보면서 야구장이 꽉 차 있는 느낌을 받았기 때문이다. 선수들뿐 아니라 관중석까지 그가 당당하게 제압하고 있었다. 공을 던질 때 전력 투구하는 모습도 좋았거니와 그가 보여준 여유가 매우 보기 좋았다는 인상을 지금도 갖고 있다.

박찬호가 9월 22일 오클랜드 A's팀과 원정 경기에서 홈런 세 방을 맞고 패전 투수가 되었다. 무척 안쓰러웠는데, 사실은 경기에 진 것 때문에 이런 마음이 든 것이 아니다. 경기라는 것이 이길 수도 있고

질 수도 있는 것이니까….

박 선수의 체격은 큰 편인데도 불구하고 마운드에 서 있는 그의 모습은 아주 작아 보였다. 워낙 미국 선수들이 체격이 크기 때문이었을 것이다. 그러나 그보다도 홈런을 얻어맞고서도 씨익 웃던 장명부 선수의 당당함이 박찬호 선수에게 보이지 않았기 때문이다.

미국에서 무지하게 큰 선수들과 경쟁을 통하여 살아 남아야 하는 박 선수의 고통이 마음에 짠하게 밀려온다. 말도 잘 통하지 않을 것이고 주전에서 밀려나기만을 노리고 있는 다른 선수들의 견제도 클 테니 말이다.

강판당하는 박찬호의 뒷모습이 너무 가슴이 아프다. 할 수만 있다면 버클리에 있는 만부쿠 식당에 데리고 가서 시원한 짬뽕 라면 국물 한 대접을 먹이고 생선 초밥을 배 터지게 먹여서 가슴을 쓸어 주었으면 좋겠구만….

⟨르 씨랑스⟩의 추억

 우리의 젊은 날은 어떻게 보면 암울한 날들이었다. 베트남 전쟁이라는 특수한 상황과 맞물려진 제3공화국의 기세 등등함이 젊은 사람들에게는 숨이 막히는 상황이었다. 김민기, 양희은 같은 통기타 가수들의 노래가 우리의 가슴을 쓸어 내리던 시절이었다. 그때 젊은이들이 가던 곳이 ⟨쉘부르⟩와 같은 뮤직 카페였는데, 당시에 명동에는 조금 성격이 다른 카페가 있었다. 그 곳이 ⟨르 씨랑스⟩라는 곳이었다. 무슨 뜻인지는 지금도 모르는데 아마 프랑스 말인 것 같기도 하다.
 하여간 그 곳은 젊은 언더그라운드 가수들이 나와서 생음악을 들려주던 곳이었는데 콜라나 커피 한 잔 값으로는 적지않게 비싸다는 생각이 들었지만, 그래도 그 가격으로 그런 분위기를 맛보기는 어려웠던 때라서 그곳은 우리들에게는 인기가 있었다.
 그런데 그 분위기라는 것이 의자도 테이블도 없는, 카펫만 깔려 있는 조그만 공간이었는데 신발을 벗고 들어가는 그 곳에 늘 젊은이들이 빽빽히 차 있었다. 공기도 잘 통하지 않는 그 곳에 콜라 한 잔을 든 젊은이들이 그렇게 즐겁게 모여 있을 수 있었다는 것이 지금 생각해도 신기하기만 하다. 그런데 그 곳에서 어떤 놈(?)이 대마초를 피우는 바람에 폐쇄 명령이 내려져서 그 곳은 문을 닫았다.
 우리는 어떻게 하면 사람들이 많이 모일 것인지를 연구한다. 그래서 이런저런 이벤트를 만들어 보기도 하고 돈을 들여 환경을 개선해 보기도 하는데, 실상 사람들은 환경 때문에 모이는 것이 아니라 좋으면 그냥 모인다. 그 좋다는 것이 무엇일까? 생명력이 꿈틀거리는 곳에는 사람들이 있다는 것이다. 살아 있는 사람들이 꿈틀거릴 수 있는 공간이 있다는 것만으로도 사람들은 모인다. 〈르 씨랑스〉에 모여 있던 젊은이들은 환경이 좋아서 그 곳에 모인 것이 아니다. 그 곳은 그들의 삶을 의미 있게 생각하도록 만드는 살아 있는 그들의 공간이었기 때문이다.

나는 그동안 교회라는 공간을 쾌적하게 만들기 위한 노력을 해 왔다. 그래서 잠시 동안 사람들의 마음을 유쾌하게 만들었는데, 생각처럼 사람들이 모이는 동기가 되지 못함을 보았다. 문제가 무엇이었을까 고민하다가 나 자신이 가장 중요한 사실을 놓치고 있는 것을 발견했다. 교회는 그리스도의 생명이 있는 곳이어야 하고 그 생명력 때문에 사람들을 살아 있도록 만드는 곳이어야 하며, 또 그것을 사람들이 느낄 수 있어야 한다는 것이다. 교회는 사람을 모으기 위해서 좋은 시설이 필요한 곳이 아니라 예수님의 생명이 넘치는 곳이 되어야 하는데 ― 가장 기본적인 것인데 ― 그것을 이제야 깨닫고 있으니….

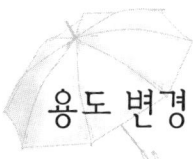

용도 변경

한국도 마찬가지지만 미국도 거의 토지법이 있다. 그래서 상업용 부지 혹은 종교 부지 혹은 주거지 등으로 토지가 분류된다. 그래서 토지를 용도와 다르게 사용하기 위해서는 토지의 용도 변경 신청을 해야만 한다. 토지는 용도 변경을 할 수 있다는 점에서 융통성이 있다.

그런데 용도 변경을 하면 이상해지는 것들이 있다. 대표적인 것이 그릇이다. 여자들이 살림을 하는 모습을 보면 참으로 복잡하다. 웬 냄비는 그리 많고 접시도 그리 많은지, 내가 보기에는 좀더 간편한 살림을 꾸려 갈 수 있다고 생각되는데 여자들은 그렇지가 않은 모양이다. 그릇마다 다 쓰임새가 있기 마련이라 살림살이들이 늘어 가는 모양이다. 하긴 세숫대야에 콩나물 무침을 담아 먹을 수는 없는 노릇이니까….

그릇의 쓰임새가 다르다면 그릇의 크기 또한 다르다. 그릇의 용량에 따라 담겨져야 하는 분량이 다 다르다. 분명한 것은 그릇이 크면 더 많이 담아야 넘친다는 것이다.

내 인생의 그릇은 어떤 용도일까?

내 인생의 그릇의 크기는 얼마만한가?

그런데 무엇이 얼마나 담겨 있는가?

용도와 크기에 어울리지 않는 것들을 담아 놓고 있지는 않은가?

토지는 용도 변경이 되지만 그릇은 용도 변경이 되지 않는 것처럼, 우리 인생은 하나님이 정해 주신 용도와 크기가 있는데 이것은 우리 마음대로 변경할 수 있는 것이 아니다.

살다 보면 여러 사람들을 만나는데, 퍼부어도 퍼부어도 끝이 없이 담기만 하는 사람들이 있어서 그를 배려하던 옆의 사람들이 지치는 경우가 많다. 그래서 다시는 이런 피곤한 일은 못하겠다는 푸념을 하기도 한다.

그런데 담다 보면 언젠가는 넘치게 마련이다. 밑빠진 독이 아니라면….

성경은 우리에게 이렇게 권면한다. "선한 일을 하다가 지치지 마십시오."

에피탑 Epitaph

나이 쉰을 넘으면서 많은 것들을 잊고 사는 나의 모습을 바라보는 경우가 있다. 까맣게 잊고 있던 일들이 갑자기 생각나는데, 그럴 때마다 느끼는 것은 어떻게 그렇게 열정을 바쳤던 일들을 까맣게 잊을 수가 있느냐는 것이다.

1970년대 우리 한국에서는 젊은이들이 미국의 히피 문화의 열병을 앓고 있었다. 그 때의 젊은이들을 대표하는 문화는 통기타와 생맥주 그리고 대마초였다. 대마초의 매력은 상당한 것이어서 거의 모든 젊은이들이 한 번쯤은 해보는 일종의 환각 문화의 중심이었다. 60년대의 히피가 당시의 베트남 전쟁이라는 특수한 상황과 맞물리어 염세주의로 흐르고 있었는데, 이 영향으로 한국도 대마초 문화와 함께 염세주의가 팽배했다.

이때 유명한 노래들이 많이 나왔는데 사이먼과 가펑글이 부른 〈브리지 오버 트러블 워터〉가 대표적인 노래다. 그런데 이 노래가 대중적으로 어필했다면 특별한 매니아들이 즐겨 들었던 노래는 킹 크림슨이 부른 〈에피탑〉이었다. 이 노래의 파장은 워낙 커서 대마초를 입에도 대지 않던 나도 이 노래에 심취해서 염세주의에 푸욱 빠져 있었다. 당시에 나는 스물다섯 살로 갓 결혼을 했으며 사나이 중의 사나이로 육군 장교로 복무하고 있었는데 그만 이 노래에 빠져서 한 5년 동안을 어떻게 하면 폼나게 죽을 것인지를 연구하면서 살았다.

그런데 신기하게도 이렇게 오랜 세월 나를 지배하고 있던 노래를 어느 때부턴가 까맣게 잊고 있었다. 그러다 요 며칠 전에 어느 한국 드라마에서 배경 음악으로 깔려 있는 그 노래를 듣는 순간 잊고 있던 그 옛날의 기억들이 되살아나기 시작했다. 그 처절했던 젊은 날들이….

25년의 세월이 흐른 지금 나는 여전히 어떻게 죽는 것이 가장 폼나는 모습인가를 생각한다. 그런데 25년 전의 나는 세상에 염증을 느껴서 죽는 방법을 생각했다면, 지금은 예수 그리스도와 함께 죽는 것이 무엇인지를 생각한다는 것이 다르다.

똑같이 〈에피탑〉을 들으면서….

횡재

92년도엔가 영국에 갔을 때 스코틀랜드의 에딘버러에 가기 위해 영국의 동남부를 쭉 따라 올라가다가 스카보로라는 마을을 지나게 되었다. 영국의 해안도로는 캘리포니아의 1번 도로처럼 멋이 있는데 스카보로는 정말 멋있는 곳이었다. 영국 특유의 안정감과 어우러져 편안함과 안정감을 주는 곳이었다.

그런데 그저 단순히 아름답다고 느껴지던 그 곳이 새삼스럽게 다가 왔던 것은 사이먼과 가펑글이 부른 〈스카보로의 추억〉이라는 노래가 생각났기 때문이다. 그 스카보로가 영국의 그 곳과 동일한 곳인지는 지금도 모르지만, 아닐지라도 나는 그렇게 믿고 싶은 마음이었다. 잘 아는 대로 사이먼과 가펑글은 지금도 미국 사람들이 전 연령층에서 골고루 좋아하는 노래인 〈브리지 오버 트러블 워터〉라는 노래를 부른 유명한 가수들이다. 그들이 노랫말을 지을 정도로 스카보로도 아름다운 곳이었을 것이기 때문인데 내가 본 스카보로는 그렇게 아름다웠다. 지금도 꼭 가 보고 싶은 추억의 장소다. 영국을 떠나면서 나는 기대하지 않은 곳에서 굉장한 횡재를 얻은 것처럼 뿌듯한 마음이 들었다.

나는 음식을 가리지도 않지만 특별히 좋아하는 음식도 없다. 버클리에 에쉬비와 칼리지가 만나는 곳에 〈만부쿠〉라는 식당이 있는데 일식집이다. 보통 일식집이라고 하면 스시와 사시미를 떠올리고 다른 기대를 하지 않게 마련이다. 처음 그 집에서 먹은 것은 별로 기억에 남는 메뉴는 아닌데 음식 맛도 별로였던 것 같다. 그래서 누군가 그 집 음식 맛있느냐고 물어보면 그저 좋은 평을 하지는 않았는데 다른 사람들은 다 맛있다고 하는 바람에 나만 입맛이 잘못되었나 보다고 생각을 했다. 언젠가 그 주인 앞에서 음식 맛에 대해 누가 말할 때 퉁명스럽게 무슨 맛이 있느냐고 말한 것도 미안하고 해서 또 한 번 들러서 짬뽕라면을 먹었는데 세상에 이렇게 맛있을 수가! 정말 맛있는 국물이었다. 내가 이것을 칼럼에 쓸 만큼 정말 맛있었다. 일주일에 두 번 정도 나는 짬뽕라면을 먹으러 가는데 그렇게 즐거울 수가 없다. 너무 맛있어서 누군가에게 말하지 않고는 못 배기겠다. 한번 가 보면 횡재 만난 기쁨이 있을 것이다.

새 신발만 있어도 좋은데…

내가 어렸을 때는 쓸 만한 물건이 별로 없었다. 워낙에 물자가 귀하기도 했지만 물건의 품질이 너무 나빴다. 오죽하면 미제는 양잿물도 좋다는 말들을 했을까.

그 시절에 우리가 신던 운동화는 공 한번 차면 실밥이 다 터지고 밑창이 벌어지기가 일쑤였다. 그때 새 신을 신는 것은 대단한 기쁨이었는데, 한번은 운동화를 새로 사서 신자마자 공을 차는 바람에 그만 밑창이 쩍 벌어졌다. 어머니의 주머니 사정을 뻔히 알고 있던 터라 미안해서 새 신발을 사 달라는 소리를 못하고 한 일주일쯤 그냥 신고 다녔다.

문제는 밑창이 벌어진 틈새로 흙이며 돌이 들어오는 바람에 양말이 매일 흙투성이에다가 빵꾸가 났다. 어머니는 새 신을 사 줬는데 양말이 왜 이러냐고 하시며 신발을 살펴보셨는데 그만 신발 밑창이 벌어진 것이 들통나고 말았다.

어머니는 없는 돈에 또 새 신발을 사 주셨는데, 새 신을 신기가 너무 아까워서 집에다가 잘 보관하고는 헌 신발을 그냥 신고 다녔다. 그런데 묘한 것은 그 전까지는 신발 밑이 벌어진 것을 누가 볼까봐 조심조심 다녔는데 새 신을 사고 나서는 떨어진 신발을 신고도 당당하게 다닐 수 있었다는 것이다.

하나님을 믿는 신자들의 당당함은 무엇일까? 세상 사람들이 알지 못하는 소중한 것을 가슴에 담고 있기 때문이 아닐까? 돈이 없어도, 배우지 못했어도 초라해지지 않고 천박해지지 않는 멋있는 신자의 모습은 어디서 나오는 것일까? 질그릇 같은 내 인생의 한가운데 예수 그리스도를 모신 그 벅찬 기쁨 때문에 세상을 향한 당당함을 가진 신자의 모습은 정말 보기에 아름답다.

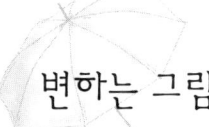
변하는 그림

지난 주 금요일에는 중앙일보의 오픈 하우스 행사에 참석했다. 겸 사兼事 그 곳에서 열리는 홍익대학교 미대 교수들의 전시회도 볼 기회가 있었는데, 나 같은 그림의 문외한은 이해하기 어려운 그림도 많이 전시되어 있었으나 나름대로 주제가 있는 그림이리라 생각하고 감상을 했다. 그러나 역시 나는 풍경화나 인물화가 훨씬 정겹게 느껴지기 때문에 파도를 그린 그림 앞에서 시간을 좀 보내면서 그 그림을 통해 바다를 상상해 보았는데 허전한 마음이 드는 것은 왜일까?

교회 안에 있는 나의 사무실에는 유화가 한 점 걸려 있는데 그 그림의 매력은 단조로운 듯하면서도 빠끔히 열려 있는 문을 통해서 그 바깥 풍경은 무엇이었을까를 늘 상상하게 만든다는 점이다. 이미 형상으로 고착된 그림이 아니라, 끊임없이 그림을 보는 사람으로 하여금 호기심을 갖도록 만드는 의미 있는 그림이다. 적어도 나에게는….

우리 교회 집사님이 운영하는 가게는 쇼핑몰의 한 구석에 자리잡고 있다. 그래서 처음 그 곳을 방문할 때 가졌던 내 생각은 좀 답답하겠다는 것이었다. 그런데 그 안에 들어가서 나는 속으로 탄성을 질렀다. 답답할 것이라는 내 생각을 깨고 거기에는 디아브로 산 전체가 그대로 들어와 있었다. 마치 거대한 액자에 그려진 산수화처럼…. 그것은 작가의 눈에 의하여 재해석된 그림이 아니라 살아 있는 거대한 액자였던 것이다. 벽 전체를 유리로 만들어서 그 안에 살아 있는 산 하나를 통째로 집어넣고 있었던 것이다.

  몇 주 전에 쉼터를 방문했다가 응접실에서 문득 창밖을 내다보다가 내 가슴이 뭉클해졌다. 창문이 마치 액자 같았는데 그 액자 속에서 아몬드 꽃이 눈처럼 내리고 있었던 것이다. 액자 가득히….

부활復活

　기독교의 절기가 휴일로 지켜지고 있다는 것은 미국이 기독교 국가임을 말해 준다. 물론 종교의 자유가 보장되어 있기는 해도…. 그런 의미로 본다면 성탄절과 함께 석탄일을 휴일로 지정한 한국은 기독교 국가와 불교 국가가 혼합된 느낌을 준다. 이런 일들이 옳다 그르다는 논쟁을 불러일으킬 마음은 전혀 없다(물론 개인의 의견이 없는 것은 아니지만).

　다음 주일은 우리 기독교에서는 아주 중요한 절기인 부활주일이다. 오랫동안 성탄절을 더 화려하게 지켜 왔지만 실상은 기독교에서 더 중요한 의미가 있는 절기는 부활절이다.

　왜 부활이 우리에게 중요한 것인가? 사람들은 부활에 대하여 여러 가지 의미를 부여한다. 그러나 그런 다양한 의견 속에 공통적으로 담겨 있는 의미는 생물학적인 번식을 부활이라는 주장도, 혹은 정신적으로 이념을 좇아 사는 것을 부활이라고 주장하는 이론도 실은 같은 배경을 갖고 있다는 말이다. 부활에 대한 여러 이론들의 기반基盤이 같다는 것이다. 그 기반이 무엇인가? 한마디로 말하자면 생명이라고 할 수 있겠다.

　세상의 모든 종교가 거의 동일하게 생명을 추구한다. 그러나 그런 종교들과 하나님을 믿는 것은 무엇이 다른가? 그 생명의 기반을 세상의 종교들은 사람에게 기초하고 있다. 그러나 기독교는 그 생명의 기반을 그리스도 예수에게 두고 있다. 왜냐하면 그분이 세상을 창조하시고 보존하시며 관여하고 계시다는 것을 믿기 때문이다.

그리스도 예수의 부활은 곧 또 다른 생명을 그분께서 우리에게 주셨다는 것을 의미한다. 그것을 우리는 중생重生이라고 표현한다. 내 의지의 결정에 의하여 중생하는 것이 아니라 하나님의 은혜로 중생한다. 그래서 기독교는 은혜의 종교다.

부활절이 끼어 있는 봄은 그래서 참으로 아름답다. 생명 있는 존재들이 힘있게 도약하는 푸르름을 느끼기 때문이다.

주변시 周邊視

이번에 한국에서 오는 목사님 편에 부탁한 책 중에 『나무 도감圖鑑』이라는 책이 있다. 꽤 비싼 값을 치렀다. 목사가 웬 나무도감을 보느냐고 할지 모르겠지만 내 나름대로의 이유가 있어서 그 책을 샀다.

오랫동안, 신학 공부를 한 지 거의 22년이 지나는 동안 나는 하나님의 말씀은 성경에만 있다고 생각했다. 그래서 성경을 바로 보기 위한 노력을 쉬지 않고 해 왔다. 이 일을 하면서 나는 내가 정당한 일을 하고 있다고 믿어 왔고 다른 쪽으로는 전혀 시선을 돌리려고 하지 않았다. 그런데 어느 날 문득 내가 하고 있는 이런 일들(신학)이 뭔가 허전해지기 시작했다. 이론과 논리는 정리되는데 왜 허전할까? 이런 고민이 계속되었다. 교회는 왜 존재해야 하는지에 대해서도 곰곰이 생각하기 시작했다. 그러고 보니 지금까지 당연히 그런 것이라고 여겨 해 왔던 일상의 일들이 깊은 원리와 본질을 살펴보지 않은 채로 습관적으로 해 온 일들이라는 생각이 들었다. 무엇이 문제였을까? 이렇게 열심히 공부하고 성경을 보는데….

그러다가 발견한 나의 큰 결함은 이런 것이었다.

성경을 보고 연구를 해 왔지 하나님의 생각과 시선을 따라가는 일에는 대단히 미흡했다는 것이다. 하나님이 창조하신 세상의 아름다움을 보지 못하고 오직 문자로 기록된 성경 구절에만 몰두하고 있었다는 것이다. 그리고 교회라는 가시적인 틀을 벗어나지 못하고 있는, 단순히 교회의 목사 노릇만 하고 있었다는 것이다.

　시선을 돌리지 못하고 마치 경주마가 오직 달리기 위하여 좌우의 눈 옆을 블라인드로 가리고 쳇바퀴를 도는 것처럼 그렇게 살아왔다. 온 세상에 가득한 창조주 하나님의 은혜의 세계를 보지 못하고 살았다는 것이다. 내 생명만 중요하고 교회의 식구들만 소중했지 그 외의 것에는 관심도 갖지 못했다. 당연하다. 보지 못하는 것에 어떻게 관심을 가질 수가 있는가?

　나무 도감을 보니 사실처럼 묘사한 나무의 잎사귀 하나하나마다 참으로 귀한 그림을 그린 이들의 정성이 담겨 있고, 그들의 정성을 통해서 하나님이 주신 생명의 오묘함을 다시 섬세하게 들여다볼 수 있었다.

　쉼터에 심겨진 아몬드나무에 꽃이 가득 폈다. 가지가지마다 어떻게 저렇게 아름다운 꽃들이 가득할까?

잊고 있었던 일 한 가지

이맘때쯤이면 꼭 생각하곤 했는데 오랫동안 잊고 있었다. 이번에 로스앤젤레스를 눈雪길에 다녀오면서 문득 오랫동안 잊고 있던 그리움이 되살아났다.

1972년 2월 4일은 토요일이었고 그때 나는 군에 있었다. 격렬한 공수 훈련을 마치고 처음으로 주어지는 외박 때문에 우리는 들뜬 마음으로 금요일까지의 훈련을 마쳤다. 그런데 비상이 걸렸고, 우리는 외박이 취소되었다. 알고 보니 6주간의 유격 훈련이 막바로 시작된 것이었고 이어서 우리는 40Km를 중무장한 채로 행군을 해서 화산華山이라는 곳에 도착했다. 행군 내내 계속된 진눈깨비를 맞으며 도착한 산 정상은 정말 그대로 장관이었다. 난 생전 처음 그렇게 많이 쌓인 눈을 구경하였다.

그 당시 나는 극심한 위경련을 앓고 있어서 거의 먹은 것들을 토해 내곤 해서 행군 그 자체가 무리였고, 산에 도착한 후에도 순간순간 찾아오는 통증으로 몸부림을 치곤 했다. 그 다음날은 주일이었는데 몸이 너무 아파서 쉬고 싶었지만, 그래서 더욱 교회를 가야겠다는 생각이 들었다. 그래서 몇몇 동료들과 민간인 교회를 찾아가서 예배를 드렸다.

주먹만한 함박눈이 뚝뚝 떨어지는 가운데 교회에 도착했는데, 눈

속에 파묻힌 그 교회의 소박한 모습을 나는 지금도 잊을 수가 없다. 우리가 흔히 보는 성탄절 카드의 한 장면을 보는 것 같았다. 예배를 드릴 때 난로 속의 장작이 타는 소리를 들으면서 드렸던 기도는 '하나님 너무 아파요' 뿐이었던 것 같다. 예배를 마치고 나오면서 돌아서서 바라본 그 교회의 모습을 어찌 잊을 수가 있을까?

언젠가 기회가 되면 꼭 와 보리라고 다짐을 하곤 했는데 벌써 30년의 세월이 흘렀다. 한국에서 살 때는 겨울이 되면 늘 기억하곤 했는데 이 곳 미국에서는 눈 구경을 못하는지라 참으로 오랫동안 잊고 있던 기억이다.

로스앤젤레스를 다녀오면서 눈길에 차가 미끌어져 도는 순간 생각난 것 중에 한 가지가 왜 이 눈 덮인 교회였을까? 아름다운 건물도 아니고 기억나는 설교를 들은 것도 아니며 기억나는 사람의 모습도 없는데, 그 눈 덮인 교회가 어떻게 나의 기억 속에 이토록 오랫동안 자리잡고 있을 수 있는 것인가?

그런 것 같다. 내 신앙 생활을 지금까지 이끈 힘은 바로 이런 기억들이 축적된 것이 아닐까? 잊고 있었지만 지울 수 없는, 마음속 깊은 곳에 도사리고 있는 하나님에 대한 그리움 같은 것들 말이다.

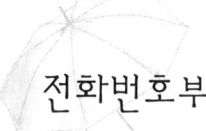
전화번호부

나는 미국에 1993년에 왔다. 이 곳 미국이 살 만한지를 살펴보는 일이 당시의 나에게는 커다란 관심사였다. 그런데 막상 미국에 오고 나서는 도대체 방향 감각이 없었다. 당시에 나는 스탁톤에 살고 있었는데 스탁톤과 새크라멘토 그리고 샌프란시스코의 방향을 가늠하기도 어려웠다. 아는 사람도 없이 막막한 가운데, 이 미국 땅에 살고 있는 한국 사람들은 어떻게, 어떤 모습으로 살고 있는지가 궁금하기만 한데 아무런 자료도 얻을 수가 없었다.

스탁톤에서 그레이 하운드를 타고 트레이시를 거쳐서 오클랜드를 지나 샌프란시스코에 왔을 때, 나는 오직 지도 한 장만 달랑 손에 쥐고 있었다. 그레이 하운드 터미널에서부터 H신문사까지 지도를 보면서 걸어갔고 거기서 처음으로 나는 한인업소록이라는 것을 보았다. 그 안에 담겨 있는 정보를 보면서 너무너무 신이 났다. 나는 정말 정중하게 요청을 했다. 이 전화 번호부를 저에게 주시면 안 되겠느냐고…. 그리고 거기서 얻은 한인업소록을 정말 소중하게 가방에 집어넣고 돌아오는 버스 안에서 나는 그것을 읽고 읽고 또 읽었다. 그리고 그 업소록을 얼마 동안 가보家寶처럼 들고 다녔다.

지금은 집에도, 교회의 사무실에도 한인업소록이 널려 있다. 그래서 사람들이 그것을 별로 소중히 여기지 않는 것 같다. 한인 사회에 익숙해졌다는 표시인지도 모르겠다.

신앙 생활은 어떤가?

처음 교회에 왔을 때, 처음 설교를 들으면서 느꼈던 기쁨들 혹은 성경 구절들이 지금은 아무런 감동도 없이 그저 흘러가는 소리로 의미 없이 버려지고 있지는 않은지 모르겠다. '그 때는 그렇게 은혜가 되고 소중히 여기던 말씀들이었는데' 라고 생각하면서 말이다. 도처에 널려 있는 한인업소록이 이제는 별로 의미가 없어지고 있는 것처럼, 너무도 많은 설교들이 그리고 하나님의 말씀들이 우리의 관심도 끌지 못한 채 그렇게 버려진다.

겨울 나무

 가을이 지나면서 우리는 나무들이 아름답게 변해 가는 모습을 보게 된다. 작년엔가 그런 글을 쓴 적이 있는데, 단풍이 아름답게 드는 것처럼 우리의 마지막 인생이 아름다워졌으면 좋겠다는, 뭐 그런 글이었다.
 단풍이 들고 난 후에 나무들은 그 단풍마저 다 떨어뜨린다. 그리고 앙상한 가지를 드러낸다. 여름의 그 푸르름으로 인하여 풍성해 보이던 모습과 극명하게 교차되는 앙상함 때문에 우리는 늘 그 앙상한 가지에서 연상되는 고독과 슬픔을 노래해 왔다.
 며칠 전에 나의 고등학교 동기동창의 장례식을 치렀다. 아직 오십이 채 되지도 않았는데 죽었다. 인생을 좀더 아름답게 장식하고 갈 수도 있었는데….
 장례식을 치르는 동안 그의 생전의 사진을 바라보면서 '저 친구 참 좋은 인상을 가졌구만' 하고 생각을 했다. 마지막 꽃을 그의 앞에 놓으면서 '그래, 이제 고통도 끝나고 홀가분하게 떠나는구나. 단지 옷 한 벌 입고…' 라는 마음이 들었다.
 돌아오는 차 속에서 나는 나의 죽음을 골똘히 생각했다.
 내가 남겨 놓을 것은 무엇이며, 내가 가지고 가야 할 것은 무엇인가?
 겨울이 오면 나무들은 다 벗는다. 사람들은 겨울이 오면 더 껴입는데 말이다. 겨울 나무들의 그 홀가분함이 나에게는 있는가?

공존共存의 가능성

쉼터에서 지내다 보면 아침에 꼭 눈을 뜨게 만드는 소리가 있다. 누가 계속 집의 벽을 두드리는 것이다. 그래서 누가 왔나 하고 내다 봐도 아무도 없다. 그래서 또 자리에 누워서 쉬려고 하면 또 두드리는 소리가 들린다. 여러 날을 그렇게 보냈는데 또 벽을 두드리는 소리가 들린다. 그래서 살금살금 나가 보니 역시 아무도 없다.

그러다가 문득 지붕 근처의 창문을 봤는데 벽의 페인트 칠이 벗겨져 있다. 마치 무슨 뾰족한 꼬챙이로 찍은 것처럼 보인다. 얼마 후에 또 벽을 두드리는 소리가 들려서 그 곳에 나가 보았더니 꽤 큰 새 한 마리가 창문 틀에 앉아서 벽을 부리로 열심히 쪼고 있다. '저 새였구나. 방충망도 숭숭 구멍을 뚫어놓은 범인이…'

훠이하고 쫓아냈는데 그러고 나니 마음이 왠지 찜찜하다.

왜 저 새가 저리도 열심히 벽을 쪼아댔을까? 혹시 둥지를 틀려는 것은 아니었을까? 왜 저기다가 둥지를 틀까? 혹시 알을 부화하려는 것은 아닐까? 많은 창문들이 있는데 하필이면 저기만 저렇게 쪼아댈까? 그러고 보니 그 곳이 제일 아늑하고 바람도 타지 않는 기가 막힌 위치처럼 보인다.

여기까지 생각이 미치자 이제는 마음에 갈등이 생긴다.

저 새의 보금자리를 만들도록 허락할 것인가? 그러면 망가지는 집은 어떻게 하고?

 요즘 자연친화라는 말이 유행이다. 좋은 말이다. 그런데 보기에는 좋은 자연의 모습이, 또 있는 그대로 자연스럽게 살아보자는 의도들이 막상 이런 어려움에 직면하게 된다. 채소를 가꾸면 달팽이들이 다 먹어치워서 농약을 뿌릴 수밖에 없고, 새들의 보금자리를 마련해 주려고 하니 집이 망가지고….

 이래저래 참 실천하기 힘든 일들이다. 새 한 마리가 나타나서 나를 고민에 빠지게 한다.

 그런데 사람들은 이런 걱정을 하는 나를 보면서 참으로 할 일도 없는 사람이라고 흉을 보지는 않을까?

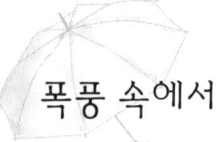

폭풍 속에서

　무지무지한 바람이 불어댄다. 하루 종일 그리고 밤새도록 불어댄다.
　아름답던 수양버들의 그 치렁치렁하던 나뭇가지들이 모조리 꺾여 날라가 버렸다. 이뿐만 아니다. 나뭇가지가 꺾이지 않으면 가지에 붙어 있는 잎사귀들을 날리는데 가지에 붙어서 떨어지지 않는 잎사귀를 조각조각 내어서 날려 버리는 바람은 처음 봤다.
　군 복무 시절에 전방에서 추위를 많이 겪어 보았지만, 한국의 산은 거의가 소나무로 이루어져 있기 때문에 폭풍우에도 나무 잎사귀가 꺾여서 날라가는 일은 거의 보지 못했다.
　계곡에 부는 바람과 평야의 바람은 달라도 너무 다르다. 문짝에 잠금 장치가 되어 있지 않아서 문이 바람에 자꾸 열린다. 그래서 손으로 밀어서 닫는데 문이 닫히지 않을 정도로 바람이 거세다. 나무로 받쳐서 간신히 문을 닫고 창고 안에 들어가니 아, 이렇게 아늑하고 좋구나.
　밖은 정신이 없도록 바람부는 소리가 윙윙거리는데, 그 안은 너무도 조용하고 아늑하다. 창문을 닫으니 바람 소리도 들리지 않는다.
　문득 창밖을 바라보다가 참으로 대조적인 모습을 보게 되었다. 들어오는 출입구에 있는 나무는 그렇게 흔들리고 소리도 요란했는데, 아몬드 나무들은 그렇게 심하게 부는 바람 속에서 조금도 요동이 없다.

"가지 많은 나무 바람 잘날 없다"는 말이 생각난다.

아몬드 나무는 그 많던 잎사귀들이 하나도 없다. 그러니 잎사귀들 때문에 나무가 흔들릴 이유가 없었을 것이다. 소리를 심하게 낼 이유도 없었을 것이다.

우리 인생에 바람이 불 때 우리는 얼마나 불안해하고 괴로워하고 내 가진 것 없어질까 봐 노심초사했었는가? 다 떨어 버리고 나면 바람이 아무리 불어도 흔들릴 것이 없는데…. 그리고 때가 되면 하나님이 또 주실 텐데…. 짠무에 물을 부어 훌훌 저어서 밥통에 있는 몇 숟가락 분량의 밥을 넣고 말아서 먹었다. 참 시원하다. 여름의 얼음이 이렇게 시원할까? 속이 확 뚫리는 기쁨이 말로 표현할 수가 없다. 짠무를 씹을 때 우러나오는 소금기가 그렇게 고소하다.

하나님, 오늘 아침은 정말 행복합니다. 폭풍 후의 아름답게 솟아나는 초록의 풀들을 보면서 생명을 느끼게 하시고, 짠무 몇 개에서 사람 사는 맛을 느끼게 하셨습니다. 무소유無所有라는 것이 이런 것일까요?

사랑을 말할 자격이 나는 아직 없다

쉼터에서 창고를 수리하다 보니 유난히 많은 벌레들을 볼 수 있다. 나무와 나무 사이에 어쩌면 그렇게 벌레들이 많은지 깜짝 깜짝 놀라는 경우가 한두 번이 아니다. 이 동네에는 도마뱀이 있는데 아마도 터줏대감 같다. 이 도마뱀이 수시로 나타나 사람들을 놀라게 만든다. 군대 생활을 하면서 웬만한 벌레들은 익숙해 있다고 생각했는데도 도마뱀은 정말 싫다.

가만히 살펴보니까 나무를 특별히 좋아하는 벌레들이 있는 것 같다. 터마이트라는 나무를 갉아먹고 사는 벌레들인데 이 벌레가 집 안에 들어오면 나무들이 다 삭아 버리고 집을 망쳐 놓기 때문에 사람들은 이 터마이트를 잡기 위해서 많은 노력을 한다. 구석구석마다 거미, 터마이트들이 자리를 잡고 있다.

한편으로 생각하면 이 벌레들이 딱히 누구에게 피해를 주려고 일부러 그런 것은 아닐 텐데 사람들에게 피해를 주고 있다는 이유로 이들은 사람들에게 박멸의 대상이 되어 버린다. 그러나 따지고 보면 이런 벌레들이 있어서 나무와 나뭇잎을 썩게 만들기 때문에 자연의 또 다른 순환이 이루어지고, 유기농법이란 것도 사실은 이런 벌레들이 있기 때문에 가능한 것이다.

하수도가 막혀서 뚫다 보니 지렁이들이 무지하게 많다. 꼬챙이로 하수도를 뚫다 보니 그 속에 있던 지렁이들이 꼬챙이에 둘린 채로 죽어 나오는 모습을 보면서 어떤 면에서는 내가 이들의 안식처를 파괴하고 있다는 생각이 들었다.

멕시코인들을 몇 명 데리고 일을 하다 보니 전혀 말이 통하지 않는 중에도 똘똘한 사람과 약간 멍청한 사람의 구분이 생긴다. 그러다 보니 똘똘하게 일을 잘하는 사람은 귀여워하게 된다. 약간 머리가 둔한 사람을 보면서 어떻게 저렇게 일을 하면서 먹고사는지 참 신기하다는 생각이 들었는데, 그러다가 문득 그것도 나 중심의 생각이라는 사실을 깨닫고는 혼자 멋쩍어 했다. 저 사람도 집에 가면 권위 있는 가장 노릇을 할 텐데…. 그들 속에서는 나름대로 자리를 잡고 사는 사람일 텐데…. 내 기준으로 사람을 폄하하는 것이 얼마나 큰 죄악인가? 여전히 그도 잘 먹고 사는 것을 보면 말이다.

사람을 사랑한다는 것이 무엇일까? 나한테 잘하는 사람을 좋아하는 것은 누구나 할 수 있는 일이다. 벌레뿐 아니라 사람들도 다 자기 사는 방법을 알고 있고 그 환경을 만들어가는 것이 세상 사는 이치인데, 우리는 늘 나의 필요에 의하여 사람을 죽였다 살렸다 하고 있다.

주일마다 사랑하라는 설교를 하면서 정작 사랑의 참된 의미를 깨닫지도 못하고 설교를 하고 있다는 생각이 문득 든다.

난 아직도 멀었다.

꼭 있어야 하는 것

쉼터의 창고를 개조해서 식당으로 만들려고 작업을 시작했다. 처음에는 별것 아닌 일이라 생각했는데 작업을 하다 보니 이것이 장난이 아니었다. 근본적으로 창고를 다시 짓는 수준이었다. 그 중에서도 천장의 대들보가 휜데다가 너무 약해서 그것을 바꾸지 않으면 언젠가는 또 무너져 내릴 것이 뻔한지라 결국 대들보를 바꾸면서 서까래까지 몽땅 갈아버릴 수밖에 없었다.

집에서 대들보는 가장이 중심 되는 부분이다. 이 대들보가 휘어져 있다는 것은 기본이 안 되어 있다는 것이다. 기본이 안 되어 있으면 다른 것까지도 다 못 쓰게 만든다.

내 인생의 휘어진 대들보는 없는가?

내 인생의 휘어진 대들보를 보지 못하는 것은 아닌가?

아니면 그것을 갈아야겠다는 생각을 못하는 것인가?

인생 살면 얼마나 살겠다고 그것을 간다고 야단인가 하고 반문하고 싶은 사람도 있을 것이다. 그것을 가느라고 당해야 하는 고통을 생각하면 얼핏 그 말도 맞는 말일 것이다.

그러나 멀리 보라!

내 인생은 그것을 바꾸느라고 고통을 당할지 모르지만, 또 다른 인생들이 그 대들보 때문에 안식을 얻는다면 그 고통은 내가 감당해야 하지 않겠는가?

쉼터 창고의 대들보를 갈다 허리가 아파 잠깐 쉬면서 생각해 보았다.

내가 있는 이 곳이 제일이여…

물고기는 물이 무엇인지 모를 것이다. 아마 자기가 살고 있는 곳이 물인지도 모를 것이다. 물고기가 물이라는 것을 알려면 물 밖으로 튀어나와 봐야 한다. 그래야 자기가 살던 곳의 가치를 깨달을 것이다. 그러나 그것을 깨닫는 순간 물고기는 죽을 수밖에 없다. 왜냐하면 물을 벗어나는 순간 이미 물고기는 죽는 상황에 놓이기 때문이다. 『장자』에 나온 이야기 중의 하나다.

속도감을 느끼기 위해서는 달려야 한다. 그러나 달리다 보면 처음에 느끼던 그 속도감이 점차 둔해진다. 그래서 속도감을 느끼기 위해서는 더 빨리 달려야만 한다. 그러나 조금 있으면 그 속도감도 둔해질 수밖에 없고, 그래서 더 빨리 달리다 보면 그것은 곧 죽음으로 연결된다. 또 한 가지, 속도감을 가장 많이 느끼려면 비행기보다는 자동차를, 자동차보다는 오토바이를 타면 더 짜릿하게 느낄 수 있다. 보잉 747을 타면 속도감을 느끼지 못한다. 그렇다고 비행기가 오토바이나 자동차보다 천천히 달리는 것은 아니다. 그런데 얼마나 빨리 달리는지 느끼기 위해서 비행기 밖으로 얼굴을 내밀면 죽는다. 물고기가 물이라는 존재를 인식하는 순간 죽는 것과 마찬가지로….

사랑한다는 말을 우리는 언제 많이 하는가? 결혼 전인가, 아니면 결혼 후인가? 결혼 전에 많이 한다. 왜냐하면 그 때는 사랑을 확인하는 싸움을 하는 시기이기 때문이다. 결혼 후에는 그 사랑이라는 것을 기본 전제로 실제 살아가는 이야기를 많이 하게 되어 있다. 싸움을 하기도 하지만 그것은 사랑이라는 것을 전제로 하기 때문이다. 그런데 사랑 속에 살면서 사랑을 느끼지 못하는 경우가 많다. 그래서 사랑이 없다고 생각하고 그것을 확인하기 위한 모험들을 하는 경우가 있다. 그러다가 오히려 사랑을 잃는 경우도 많다.

인간관계 역시 그렇다. 처음에 만나면 호감과 신뢰를 쌓기 위해서 노력을 많이 한다. 그러나 일단 신뢰가 바탕이 되면 그 후에는 함께 더불어 살아가는 것이다. 그래서 처음 느꼈던 호감이나 느낌이 희석되는 경우가 생기게 된다. 그 느낌이 없다고 인간관계가 없어지는 것이 아닌데…. 가족들끼리는 사이가 나빠도 가족이라는 울타리를 넘는 법은 없다. 울타리를 넘어서는 것은 가족이 아니기 때문이다. 아버지의 인격이 존경할 만하지 않더라도 아버지의 위치를 인정하지 않는다면 이미 자녀가 아니다. 마찬가지로 자녀들이 사람 노릇 하지 못한다고 자녀에 대한 사랑이 없어진다면 그것은 부모가 아니다.

살다 보면 내가 몸담고 있는 환경이 맘에 안 들 수도 있다. 특히 사람 관계가 그렇다. 처음에는 안 그랬는데 사람이 변했다는 말들을 많이 한다. 하지만 변한 것이 아니라 그냥 더불어 살아가는 것이기 때문이다. 함께 더불어 넘어가야 할 일들이 산적한데 매일 사랑을 확인하느라 혹은 신뢰를 확인하느라 몸살들을 앓는다. 그래서 살아가면서 너무 많은 시간과 정력을 낭비하는 경우를 본다. 교회 안에서도 이런 일들이 늘 있다. 그래서 사람을 지치게 만든다.

이런 참혹함이…

　느닷없이 우리의 뒤통수를 치는 놀라운 사건이 지난 11일에 일어났다. 미국이 자랑하는 무력의 상징인 펜타곤과 재력의 상징인 뉴욕의 무역센터가 동시에 테러를 당한 것이다. 그래서 네 대의 납치된 비행기에 타고 있던 승객과 승무원이 몰살을 당하고 무너진 건물 속에서 그 숫자를 헤아릴 수 없는 사람들이 무고히 죽어갔다. 사람을 구하러 건물 속에 들어간 소방관의 죽은 숫자만도 300명이 넘는다고 한다. 전쟁을 해도 이렇게 단시간에 많은 사람이 죽는 경우는 없다. 너무도 기가 막힌 현실 앞에 망연자실할 뿐이다.

　우리는 누가 그런 일을 저질렀는지 아직 잘 모른다. 왜 그런 일을 저질렀는지도 역시 모른다. 그러나 한 가지 분명한 것은 무고한 사람의 목숨이 너무도 가볍게 여겨졌다는 것이다. 무장하지 않은 불특정 다수가 소리 한 번 지르지 못하고 죽어 갔다.

　사람이 죽는 데는 여러 가지 원인이 있다. 의를 위해서 죽는 사람도 있고 자신의 지조를 위해서 죽는 사람도 있다. 때로는 악한 일을 하다가 죽는 사람들도 있다. 어쨌든 죽는 이유는 여러 가지가 있을 수 있으나 죽는다는 것은 다 동일하다.

　여기서 우리가 생각해 볼 문제는 이것이다. 어떤 이유에서건 자신의 천수를 다하지 못한 죽음은 정당화될 수 없다는 것이다. 또 어떤 이유에서건 다른 사람의 목숨을 죽이는 것 역시 정당화될 수가 없다는 것이다.

아무런 이유도 모르고 죽어 간 사람들에 대하여 우리가 애도하는 이유가 이것이다. 또 마땅히 죽어야 할 이유가 있었다 하더라도 죽음 그 자체에 대하여 우리는 애도해야 한다. 왜냐하면 사람의 목숨은 천하보다 귀한 것이기 때문이다.

걱정이 되는 것은 이번 사건의 배후가 밝혀지고, 그래서 그에 대한 보복의 악순환이 계속되어 많은 사람들의 목숨이 원수를 갚는다는 명분 때문에 죽어 가는 것은 아닌가 하는 것이다. 화가 나고 마음이 아프다고 해서 분풀이를 하는 것은 하나님의 뜻과는 다른 것이기 때문이다. 기분이 나쁜 것과 복수를 하는 것은 별개의 문제이기 때문이다.

우리는 교회 안에서도 분쟁의 모습들을 많이 본다. 사실은 덮어두어도 될 일들이 많다. 그런데 그렇지 못한 이유가 무엇인가? 나에게 오는 손해 때문에 혹은 자존심 때문에, 상대방을 죽이고 싶은 분노 때문에 그런 것은 아닌가? 이번 사건에 대하여 원인을 살피고 대책을 마련하되 믿는 사람들의 슬기로운 지혜가 더욱 많이 요구되는 어려운 시기라고 본다. 그래서 더욱 우리는 하나님께 기도해야 한다. 하나님의 뜻이 무엇인지를 살펴보는 기도 말이다. 어쨌든 생명은 귀한 것이다.

계획은 자기 마음이지만…

　쉼터의 시설을 어떻게 배치할 것인지 혹은 어떤 모양의 건물을 지어야 하는지를 두고 꽤 많은 시간을 고민했다. 여러 사람들의 의견을 들어보고 갖가지 기능에 대해서도 생각을 해보았다. 예산은 얼마나 들 것인지 등등….

　그래서 그려진 마음속의 설계를 구체화하기 위하여 카운티의 Planing Division에 가서 실제로 할 수 있는 사항들을 점검해 보니 나의 계획이란 그저 계획일 뿐이었다. 시설을 짓고 싶다고 마구잡이로 지을 수 있는 것도 아닐뿐더러 위치까지 까다로운 규정이 있어서 그 규정대로 한다면 나의 계획은 전면적으로 수정될 수밖에 없었다. 미리 그 규정을 알아보고 계획을 세웠으면 시행착오를 좀더 줄일 수 있었을 것이다.

　그런데 아무리 규정대로 계획을 세웠다 하더라도 그것을 시행할 능력이 없으면 그것 또한 사상누각일 뿐이다. 결국 두 가지 문제에 봉착했다. 지금까지의 계획을 수정해야 하는 것과 수정한 계획을 시행할 재원을 확보하지 않으면 아무것도 할 수 없다는 것이었다.

　우리 인생도 그런 것이 아닌가? 어떤 사람은 포부만 있고 실제로는 그것을 실행할 힘이 없는 경우를 많이 본다. 어떤 사람은 아예 포부고 뭐고 없는 경우도 있다. 어떤 사람은 아예 인생의 계획 자체가 잘

못되어 있는 경우도 있다.

　우리는 나의 인생을 내가 디자인한다고 생각한다. 그러나 곰곰이 생각해 보면 우리가 마음먹은 대로 되는 일이 한 가지도 없다는 것을 쉽게 알 것이다. 왜 그럴까? 그렇다. 우리의 인생의 디자인을 결재하시는 분은 따로 있다는 것이다. 그분의 결재가 없으면 우리는 아무 것도 할 수 없다. 뭔가 한다고 해도 그것은 아무런 가치 없는 것으로 전락해 버린다.

　나의 생각과 행하는 것 모두가 나의 인생의 결재자의 뜻과 일치된다면, 그래서 그분이 나의 계획을 힘껏 밀어주신다면 나의 인생은 별처럼 빛나는 아름답고도 가치 있는 인생이 될 것이다.

　그런데 내 인생의 결재자는 누구인가? 성경은 그분이 여호와 하나님이라고 말씀하신다. 그래서 여호와를 의뢰하는 것이 지식의 근본이라고 말씀하신다.

간격유지 間隔維持

나무에 물을 주기 위해서 호스를 샀다. 한 개로는 부족해서 세 개를 연결했더니 수압이 뚝 떨어진다. 같은 규격의 호스를 연결했을 뿐인데 한 개를 연결했을 때와는 전혀 다르게 물줄기가 약해진 것을 느낄 수 있었다.

정치를 하는 사람이나 혹은 조직폭력배들의 모습(이것은 영화에 나온 장면을 보고서 하는 말이다)을 보면 보스와 앉은 거리가 가까울수록 더 끝발이 있다고 한다. 청와대에서도 가장 힘이 있는 사람은 대통령과 독대獨對를 하는 시간이 긴 사람이라고 한다. 그래서 사람들은 힘이 있는 사람에게 가까이 가려고 애를 쓴다. 애만 쓰면 좋겠는데 문제는 가까이 있는 사람을 끌어내리려고 애를 쓴다는 것이다. 모함을 하고 시기를 하고 질투를 한다. 그래서 싸움이 일어나기도 한다.

그런데 막상 가까이 가도 언젠가는 권력자의 눈밖에 나면 곧 쫓겨나기 때문에 서로 눈에 보이는 충성 경쟁을 할 수밖에 없고, 그 몸부림을 보면서 힘이 있는 사람은 그것을 즐긴다. 그래서 충성을 하면서도 사람들은 아니꼽고 더러워서라도 꼭 힘을 가져야겠다고 생각하고 그것을 얻기 위하여 피나는 투쟁을 한다.

꼭 이런 일이 아니라도 사람 사이에서 간격을 유지한다는 것은 대단히 어렵다. 왜냐하면 멀리 있을 때는 괜찮다가도 가까이 가면 서로

원수가 되는 일도 생기기 때문이다.

　인간관계를 말하면서 우리는 멀리도 가까이도 말고 간격을 잘 유지하라는 말들을 한다 불가근 불가원, 不可近 不可遠. 이는 인간관계에서 일어나는 이해관계를 적절히 잘 조절하라는 말일 것이다. 그러나 이것이 보통 어려운 일인가?

　그런데 멀리 있으면 멀리 있을수록 나쁜 관계가 형성되는 경우가 있는데 바로 우리와 하나님의 관계다. 권력자의 가까이에는 한 사람밖에 앉을 자리가 없다. 그러나 하나님 곁에는 수없이 많은 사람이 앉아도 괜찮고 넓은데도 가까이 가려는 사람이 없으니 어찌 된 일인가?

　하나님과 멀리 떨어지면 호스의 물줄기가 약해지는 것처럼 신자들로서 살아가는 힘도 약해진다. 가까이 가면 갈수록 신자들의 힘은 더욱 왕성해진다. 그리고 쫓겨나지도 않는다. 사람들로부터 시기와 질투도 받지 않는다.

　살다 보면 너무 외로워서 사람들과 가까이하고 싶어진다. 그런데 사람들은 영원하지 않다. 그래서 상처를 입기가 쉽다. 그러나 하나님은 영원하시고 변하시지 않는다. 그러니 하나님을 가까이하는 것이 가장 확실한 축복이다. 그것은 우리끼리만 아는 비밀이다.

여백餘白

나는 그림에 대해서는 문외한이다. 나의 사무실에는 서양화 그림이 한 점 걸려 있다. 난 이 그림이 잘 그려진 그림이라는 생각을 특별히 해본 적이 없다. 워낙 그림을 잘 못 그리기 때문에 다른 사람이 그린 그림은 무조건 잘 그렸다고 생각하기 때문이다. 그런데 내 방에 들어오는 사람들 중에 간혹 이 그림을 보고는 누가 그린 것이냐고 물어보는 사람들이 있다. 그래서 왜 그러냐고 되물어보면 아주 잘 그린 그림이라는 것이다.(참고로 말하면 이 그림은 서양화가인 최원경 씨가 준 그림이다.)

나는 그림이 잘 되었는지의 여부를 가릴 능력이 없는 사람이다. 그런데 이 그림이 주는 매력이 있다는 것을 느낀다. 어디서 느끼는가 하면 그림 속에 그려진 문door이 살며시 열려 있는 부분이다. 그 열린 문을 통해서 내다보이는 바깥 풍경을 보면서 가끔 저 밖에는 무엇이 있을까 하고 상상을 하는 재미가 있다.

원래 나는 서양화를 별로 좋아하지 않는다. 그림을 보는 안목이 없기 때문이다. 서양화에서 매력을 느끼는 그림은 누드화 정도다. 또 목사가 씹힐 이야기를 한다고 염려하시는 분들이 있겠지만, 누드화에서 보여주는 인체의 섬세함을 나는 늘 감탄하면서 본다. 며칠 전 서점에서 책을 한 권 샀는데 그리스 로마의 신화에 관한 책이었다.

내가 책을 사니까 옆의 목사님이 그 책을 왜 사느냐고 물어보길래 예전부터 사고 싶었던 책이라고 말을 했지만 실은 그 책을 산 이유는 따로 있었다. 그 책에는 고대의 신화를 그린 그림들이 칼라로 인쇄가 되어 있고, 그 그림은 당연히 남자든 여자든 대부분이 벗고 있는 그림이었기 때문이다.

서양화를 보는 이유는 늘 이 정도에서 그치지만, 동양화에 대해서는 안목이 있느냐 없느냐의 여부를 떠나서 무조건 좋아한다. 왜 좋아하는가 하면, 동양화에는 여백餘白이 있기 때문이다. 뒷 배경은 항상 하얗고 그 안에 그려진 그림 역시 여백이 많기 때문이다. 그 여백 속에 나름대로의 또 다른 상상을 할 수 있는 것이 나는 참 좋다. 구태여 이름을 붙인다면 여백의 미美라고나 할까? 어쨌든 서양화에는 그 여백이 없어서 답답하다.

며칠 전에 어떤 분이 나에게 말을 하는데 남김없이 말을 쏟아 붓는다. 내가 그 말을 들으면서 '아이고, 이런 말은 다 하는 것이 아닌데…' 하고 생각을 했다. 다 쏟고 나면 어떻게 주워 담을까 하는 염려가 된다. 말도 여백을 좀 남겨 놓고 하는 것이 인생을 사는 지혜일 텐데….

사람마다 자기가 옳다고 생각하는 바가 다 다르지만 다른 사람에게 말을 할 때는 여백을 조금 남겨 놓는 것이 좋을 것 같다. 사람들이 그 사람에게서 여유를 느끼기 때문이다. 난 매 주일마다 설교를 하는데 요즘 가장 신경을 쓰는 부분이 바로 이 부분이다. 설교에 좀더 여유가 있어야겠다는….

아버지의 마음
-결혼식을 앞둔 딸에게

영종도에서 개척 교회를 할 때였다. 네가 초등학교 1학년에 들어갔을 때 며칠 동안 너의 엄마가 집에 없었다. 비가 오길래 우산을 가지고 학교에 갔을 때 다른 아이들은 모두 바지를 입고 있었는데 너만 긴 치마를 입고 있었다. 그 긴 치마 때문에 제대로 뛰지도 걷지도 못하던 너를 보았다.

안성에서 살 때에 아빠가 다른 사람의 승용차를 타고 집에 오던 길에 학교를 갔다 오는 너의 모습을 보았다. 시골길의 먼지를 푹 뒤집어쓰고 피곤에 지친 모습으로 걸어가는 너의 모습을 보았다. 조그만 몸에 가방을 메고 힘겹게 걸어가던 너를 보았다.

경주여고에 들어가면서 너는 자취를 했었지. 연탄을 늘 갈아대며 밥을 해먹고 다니던 너의 모습을 보았다. 그러면서도 1등을 놓치지 않던 너였다.

미국에서의 삶은 참으로 고달팠다. 한 끼 먹고 그 다음 끼니를 걱정하던 때였다. 어느 날 학교에서 오자마자 떡덩이 같은 식은 밥과 김치 한 쪼가리와 물 한 그릇을 놓고 밥을 먹고 있던 너의 모습을 보면서 아빠는 속이 울컥해서 그냥 밖으로 나갔었다.

유시데이비스에 합격을 하고도 아빠의 돈 걱정을 덜어주느라 샤보칼리지를 선택한 너의 모습을 보았다. 나중에 유시버클리에 편입하여 3학기 만에 졸업을 하는 너를 보았다. 용돈도 학비도 주지 못한 아빠에게 한 번도 불평하지 않는 너의 모습을 보았다.

어느날 할머니에게서 전화가 왔다. 네가 편지 내용 속에 "오늘도 예배 시간에 한 사람도 오지 않았어요"라고 썼다면서 그 어린것도 마음 고생을 단단히 하는 것 같다고 하셨다. 그 긴장과 스트레스를 잘도 이겨냈다. 한 주도 쉬지 않고 피아노 반주를 하던 너에게 어떻게 감사를 할까? 그러고 보니 피아노도 아빠가 가르친 것이 아니고 할아버지가 학원비를 다 감당하셨구나. 네가 없었으면 아빠가 어떻게 목회를 했을까?

네가 태어난 날은 3월 1일이었다. 그날 아빠는 전방에서 군 복무 중이어서 네가 태어나는 것도 모르고 있었단다. 3월 2일에 허둥지둥 집으로 달려가 갓 태어난 너를 보면서 나는 아버지가 되었다는 느낌도 갖지 못하고 너를 바라보고만 있었단다. 머리털이 보이면서 다섯 시간의 진통 끝에 너는 이 세상에 나왔단다. 그러고 보니 아빠는 너에게 아무것도 해 준 것이 없구나.

네가 이제 시집을 가는구나. 그런데 지금도 아빠는 너에게 흡족한 결혼식을 올려 주지 못하고 있구나. 너의 결혼을 앞두고 아빠는 아빠가 걱정이 된다. 울지 않아야 될 텐데….

정상正常과 비정상非正常

요즘 나는 척추 신경 병원에 다닌다. 허리가 많이 아프고 등이 굽는 현상이 자꾸 생기기 때문이다. 밤마다 잠을 제대로 이루지 못할 만큼 그 통증이 심하다. 사람들은 날 보고 허우대는 멀쩡한데 왜 그렇게 허리가 아프냐고 말들을 한다. 나도 괴롭다. 이 고통이 30년째 계속되니 말이다.

그런데 의사 선생님 말씀이 내가 아픈 것은 구조적으로 몸에 문제가 있기 때문이라는 것이다. 다른 사람들보다 척추의 마디가 한 개 더 있다는 것이다. 그러면서 신체를 정밀하게 점검을 하니까 뼈만 하나가 더 있는 것이 아니고 왼쪽 다리보다 오른쪽 다리가 5밀리미터 정도 길다는 것이다. 그리고 왼손이 오른손보다 더 길다는 것이다.

그래서 몸의 균형이 잘 잡히지 않기 때문인지 걷는 모습도 약간은 삐딱하다. 우리 교인들이 한 마음으로 나를 흉보는 것 중에 하나가 걸음걸이가 도대체 점잖지 못하다는 것이었는데, 그 원인이 뼈가 제대로 구조를 이루지 못하고 있기 때문이란다. 한쪽 다리가 길기 때문에 몸의 균형이 한쪽으로 쏠릴 수밖에 없으니 왼쪽 발은 그 균형을 잡기 위하여 바깥쪽으로 벌어지게 되어 있어서 내 걸음걸이는 팔자 걸음이 될 수밖에 없다. 팔자 걸음도 발이 짝짝이로 벌어지게 되어 있다. 요즘 그것을 교정하느라고 왼발을 안쪽으로 오므리고 다니는데 근육이 말을 안 들어서 그 때마다 오는 근육통이 너무너무 심하다.

척추가 하나 더 있어서 오는 질환도 여러 가지가 있다. 우선 소화가 잘 안 되는 것이다. 한마디 더 있는 뼈가 위장으로 향하는 신경을 건드리기 때문에 소화액이 제대로 생성되지 않는단다. 소화가 안 되니 늘 위장병을 달고 다닐 수밖에 없고 늘 인상을 쓰고 다니는데 나도 모르게 그러고 다니는 것이다. 사람들은 나보고 인상을 잘 쓴다고 흉을 보지만 그것이 내 성격 때문이 아니라 뼈 때문인 것을 최근에야 알았다. 그것도 모자람 때문이 아니라 더 많은 것 때문에 생겨난 결과다. 치료받느라고 드는 비용도 만만치가 않다.

그러고 보면 나는 장애자다. 속이 골병 든 장애자임에 틀림없다. 모자라서 장애가 아니라 남아서, 더 많아서 장애자가 되어 버린 것이다.

우리는 대부분 모자라서 오는 불편 때문에 속상해한다. 그러나 곰곰이 생각해 보면 모자라기 때문이 아니라 다른 사람보다 더 많아서 주체를 못하기 때문에 오는 고통도 많다는 것이다. 또 더 갖고 있기 때문에 그것을 유지하기 위하여 힘드는 경우도 많이 있다. 정치를 하는 분들을 보면 적당히라는 것이 없다. 더 많이 권력을 가지려고 싸움을 쉬지 않고 한다. 돈 많은 사람들도 마찬가지다. 더 많이 벌겠다고 불필요한 힘을 낭비하면서 힘들어한다. 교회도 그렇지 않은가? 더 높은 자리가 있는 것도 아닌데 사람들은 그렇게 생각하고 억지로 더 큰 자리처럼 보이는 것에 집착을 한다. 그래서 생기는 많은 문제들을 보고 있는지….

분수를 지키는 것이 무엇일까? 적당히 하나님이 주신 것에 만족하고 사는 것이 아닐까? 남아 도는 것이 있으면 모자란 곳에 잘라 주는 결단을 한 번쯤 해보는 것이 어떨까? 이번 6월 23일에 거라지 세일을 한다. 여전도회가 돈 벌기 위해서 하는 것이 아니고 남는 것을 모자란 사람들에게 나누는 거라지 세일이 되었으면 좋겠다. 그리고 집에 있는 남는 것들을 다 가져와서 나누어 주는 사랑의 세일이 되었으면 좋겠다. 그것이 내가 정상으로 가는 것이기 때문이다.

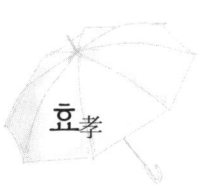

효孝

이놈은 참 착하다. 물론 공부도 잘하지만(자식 자랑하는 사람을 보통은 팔불출이라고 한다) 자기 일을 한 번도 헝클어뜨리는 법이 없이 늘 꾸준히 자기의 자리를 지켜 나간다. 그리고 좀처럼 조르는 법이 없다. 그래서 나는 크게 관심을 갖고 아이를 키우지 않았는지도 모른다. 저 혼자서 참 잘도 컸다. 대학을 졸업할 때까지 변변히 학비나 용돈을 주어본 일도 없는데 돈 달라는 소리 한 번 없이 학교를 마치는 모습을 보면 참으로 대견하다.

아빠가 조금은 무대포(?)라서 가끔 무례한 부탁을 해도 한 번도 거절하는 법이 없다. 밤늦게 들어가서 라면 끓이라고 명령해도 한 번도 인상을 쓰는 법이 없다. 아무리 공부하느라 바빠도 다른 사람이 부탁하는 일을 거절하는 법을 보지 못했다.

그래서 이놈은 참으로 나한테 불효를 한다. 아버지로서 당연히 해야 할 것도 하지 못하도록 해 버리기 때문이다. 겉으로는 큰소리를 쳐도 속으로는 늘 이놈 앞에서 주눅이 든다. 늘 미안한 마음이 있기 때문이다. 적당히 조르기도 하고, 그래서 야단도 맞고 울고불고하는 모습도 있었으면 좋겠는데 그런 것이 없어서 이제는 애비가 슬슬 자식 눈치를 보게 만드는 엄청난 불효를 저지르고 있다.

나는 요즘 아버지에게 효도를 참 많이 하고 있다는 생각을 한다.

그것은 아버지에게 돈을 달라는 것이다. 아버지는 늘 나에게 "야, 이 놈아, 내가 지금 몇 살인데 아직도 네 뒷바라지를 해야 하냐? 남들은 아들이 주는 용돈 받아 가면서 사는데 너는 오십이 다 된 놈이 아직도 나한테 돈을 달래냐?"고 하신다. 그럴 때 아버지를 꼼짝 못하게 하면서 돈을 타내는 법이 있다. "아버지, 생각해 보세요. 다른 아버지들은 아들들에게 용돈을 타 쓰느라고 얼마나 아들, 며느리 눈치를 보겠습니까? 아버지는 나한테 돈 줄 때마다 늘 큰소리치시지 않습니까? 돈도 쪼끔씩 주면서 엄청 큰소리치잖아요. 이게 다 아버지를 아버지답게 대우하는 것인 줄 알고 돈이나 주세요." 이러면 꼼짝없이 돈을 내놓으실 수밖에 없다.

아이들이 대견하게 크는 것이 참으로 보기 좋다. 효성스러운 모습들을 보면서 참으로 가난한 중에도 잘 큰다는 생각을 한다. 그러나 한편으로 생각해 보면 부모에게 효도하는 것이 늘 모범생으로 교과서적인 모습이 있다고 하는 것만이 아니라는 생각이 든다. 적당히 부모의 속을 끓게 하기도 하고 가슴을 졸이게도 하면서 부모 노릇을 하게 만드는 것도 큰 효도인 것 같다. 이 글을 읽으면서 부모 속을 아프게 하는 놈들이 손뼉을 칠까 봐 걱정된다.

에이, 나쁜 놈들 같으니라구….

휘발유 값이 올랐어요

오늘 아침에 차에 휘발유를 주입하고 미터를 보니까 30달러가 넘는 금액이 표시되었다. 그래서 깜짝 놀라서 가격표를 보니 갤런당 값이 2달러 가까이 되었다. 순간적으로 이젠 휘발유를 좀 아껴야겠다고 생각했다.

물건을 살 때도 이제는 미리미리 계획을 세워서 한꺼번에 모아서 사는 습성을 키워야겠고, 불필요한 만남도 억제하고, 단체로 어디를 갈 때도 차량의 수를 줄이는 습관을 키워야겠다. 불필요한 차의 공회전도 삼가고….

가만히 생각하니 휘발유뿐만 아니라 우리에게는 너무 많은 것들이 낭비되고 있는 것 같다. 특히 하나님이 주신 우리의 몸을 너무 값어치 없는 일에 낭비하고 있지는 않은가? 몇 년 전에 얼핏 읽은 책 중에 리처드 칼슨이라는 분이 지은 『우리는 사소한 것에 목숨을 건다』는 책이 기억난다. 정말 중요하지 않은 일에 우리의 한정된 에너지를 너무 많이 허비하고 있다는 지적을 그 책은 하였다. 별로 가치 있는 일이 아닌데도 다른 사람들과 소리치며 싸우느라 우리의 정신과 육체의 에너지를 낭비하고 있는 것이다. 설령 조그만 승리를 얻었다 하더라도 실제로는 너무나 많은 것을 잃고 있는 우리의 모습들을 보게 된다.

우리가 하는 일 중에 대표적인 실수가 자존심 싸움이다. 자존심이 조금만 상하면 우리는 생명을 걸고 싸운다. 특히 신자들이 교회 안에서 싸우는 모습을 보면 정말 우스운 일들을 갖고 싸운다. 나하고 친하던 사람이 다른 사람하고 친해졌다고 자존심 상해하고, 회의 중에 자신의 의견이 관철되지 않는다고 기분 나빠 하고, 그래서 자신이 지금까지 쌓아 놓은 것들을 하루아침에 다 무너뜨리면서까지 사람들은 자존심을 세우기 위하여 목숨을 거는 모습을 본다. 진정 소중한 일이 무엇인지, 진정 가치 있는 일이 무엇인지 헤아려 보는 모습은 자신의 조그만 자존심 앞에서 여지없이 무너져 버리고 만다.

어떤 사람이 이런 표현을 하는 것을 들은 적이 있다. 사람들이 도박할 때만큼만 신중하게 생각해도 큰 실수는 하지 않을 거라는….

우리에게 하나님은 무한히 많은 것을 허락하셨다. 그것이 재물일 수도 있고, 건강이 될 수도 있고, 아니면 세상의 직위라든지 교회의 직분까지도 모두 하나님께서 허락하신 것이다. 순간적으로 자기의 자존심을 세우다가 정말 소중한 것들을 우리의 재산으로 만들지 못하고 허비하는 일은 없었으면 좋겠다.

돈으로 환산되는 휘발유만 아낄 것이 아니라 돈보다 더 귀한 우리의 품성을, 인간관계를 순간적인 혈기로 낭비하지 말자. 생각해 보면 아껴야 할 것이 너무나 많지 않은가?

혀의 용도 用途

우리 사람에게는 혀가 있다. 이 혀는 다양한 용도로 사용된다. 맛을 느끼기도 하고 음식을 목구멍으로 밀어넣는 기능도 있다. 물론 혀가 없으면 말도 할 수 없다. 우리 한국 사람들이 영어를 할 때 제일 안 되는 것이 엘L과 알R 발음인데 혀가 입 천장에 붙느냐, 아니면 윗니의 뒤에 붙느냐에 따라서 발음이 결정된다. 이 두 발음을 할 때 외에는 혀는 언제든지 아랫니의 뒤편에 붙어 있어야 발음이 된다. 혀가 없으면 말을 할 수 없고 혀가 아무 때나 튀어나오면 말 자체가 전혀 안 된다. 같은 혀라도, 또 그 기능이 중요한 기능을 갖고 있다 하더라도 자기 위치에 정확히 있지 않으면 모든 것이 헝클어진다.

또 혀를 가지고 사람의 마음을 편안하게 하기도 하고 화를 내게도 할 수 있다. 혀를 낼름거리면 상대방을 놀리는 것이 되고, 혀를 차면 한심하다는 표현이 되기도 한다.

그래서 혀는 사용하기에 따라 사람을 살리기도 하고 죽이기도 하는 놀라운 기능을 발휘한다.

그렇기 때문에 옛날부터 우리 선조들은 혀를 잘 간수하고 통제하라고 말씀하셨다. 그렇지 않으면 혀가 화를 일으키기도 하고 또 혀 때문에 화를 당하기도 한다.

옛날 우리 조상들은 꿩을 잡을 때 매hawk를 사용했는데 가끔 꿩이 아닌 닭 같은 것을 잡기도 했던 것 같다. 그 때마다 이 매는 엄격한 벌을 받기도 했다. 매는 오직 꿩을 잡도록 훈련되어야 했던 것이다.

다시 말하면 매나 혀가 문제가 아니라 이것을 어떻게 훈련시키느냐에 따라 이것들의 용도가 바로 사용되었던 것이다.

하나님이 주신 귀한 것들을 마음대로 사용하다가 화禍를 만들지 말자. 혀뿐만 아니라 우리의 모든 오관을 철저하게 하나님의 뜻을 따라 사용되도록 훈련시키고 길들여야 할 것이다. 엉뚱하게 닭을 잡는 매가 되어서야 하겠는가? 혀를 잘 사용하자. 그래서 나도 살고 다른 사람도 함께 더불어 살 수 있어야 하지 않겠는가?

이봉주가 보스톤 마라톤 대회에서 우승한 것을 보며

이봉주라는 선수가 보스톤 마라톤 대회에서 우승을 하였다. 51년 만에 한국 사람이 우승을 한 것이다. 같은 한국 사람으로서 대단히 기쁘다. 신문을 보니까 베를린 올림픽에서 우승을 한 손기정 씨나 보스톤 대회 같은 마라톤 대회에서 우승을 한 서윤복 씨가 감격해하는 사진이 실려 있다. 이분들 역시 무척이나 기쁘고 감격스러웠을 것이다.

그러나 내가 이봉주 씨를 거론하는 것은 좀 다른 이유 때문이다. 그가 우승을 했다는 사실보다는 그가 마라톤 선수로서 그 생명을 길게 유지하고 있다는 사실 때문이다. 그것이 신체적인 결함이 있음에도 불구하고…. 이 선수는 다리의 길이가 다르다고 한다. 흔히 딸깍발이라고 불리는 장애자다. 그렇게 마라톤 선수로서는 치명적인 결함이 있음에도 선수 생활을 한다는 것은 우리에게 주는 교훈이 너무 크다. 그 선수를 달리는 종합병원이라고 한다. 잔병치레도 적지 않은 사람이라고 한다. 이런 사람이 마라톤 코스를 완주하는 것만으로도 그 정신력이 대단하다고 보아야 한다.

한국 프로야구 팀에 엘지LG라는 팀이 있다. 이 팀이 금년에 프로야구 레이스가 시작된 후로 7연패連敗를 했다고 한다. 그런데 여덟 번째 시합에서 이겼다고 한다. 그 이유는 투수 코치가 바뀌었기 때문이라고 한다. 바뀐 투수 코치가 김성근이라는 사람인데 이 사람의 지도 이론은, 프로야구 선수들은 그 실력이 거의 비슷하기 때문에 정신력이 그 시합을 좌우한다고 믿는 것이다. 흔히 우리는 이 정신력을 근성이라고 표현한다.

　인생을 살다 보니까 여러 사람들을 만나게 된다. 그 사람들마다 힘들고 어려운 과정이 있음을 보게 된다. 물론 성공한 사람들도 있고 실패한 사람들도 있다. 참으로 안타까운 것은 성공과 실패를 떠나 자기가 하는 일을 사명감을 가지고 하지 못하고 포기하는 사람들을 볼 때다. 근성을 찾아보기가 힘들다. 세상의 환경은 우리에게 모두 좋기만 한 것이 아니다. 다 어려움이 뒤따르게 마련이다. 그러나 그 환경을 이기는 힘은 그 사람의 근성(정신력)이 있을 때 가능하다. 도와주고 싶어도 근성을 상실한 사람에게는 도움이 되지 못한 나는 교회의 목사이기 때문에 갓 이민 온 사람들을 많이 만난다. 그 사람들을 만날 때마다 내가 꼭 물어보는 것이 있다. 그것은 미국에 꼭 살아야겠다고 단단히 마음을 먹고 있느냐는 것이다. 그리고 한국에 무엇인가 생활의 터전을 남겨놓고 온 것이 있느냐고 묻는다. 그리고 있다고 하면 다 버리라고 말한다. 그래야 미국에서 살아 남을 수 있다고 말해 준다. 영어도 못하고 근성도 없으면 미국에서 적응해 나가기가 어렵기 때문이다.

　일본에서 크게 성공한 한국 사람 중에 조치훈이 있다. 조치훈 역시 근성의 사나이다. 바둑은 야구와 더불어 일본 사람들이 가장 소중히 여기는 일본의 혼魂이 담긴 것이다. 그런데 일본 본토에서 일본이 자랑하는 3대 기전棋戰을 쓸어 버린 사람이 한국의 조치훈이다.

　한글 학교에서 한글을 가르칠 때 이런 사람들을 소개하는 것은 어떨까? 한글 교육에서 한국의 혼을 가르치지 않으면 무슨 소용이 있을까?

　목사가 성경을 읽으라고 하지 않고 이런 책을 소개하는 것이 쑥스럽지만 이현세 씨의 만화 중에 『머나먼 제국』과 『남벌南伐』을 권한다. 꼭 보았으면 좋겠다.

정택진이라는 사람

정택진이라는 청년이 있다. 이 사람은 대한항공의 비행기 정비사로 있던 사람이다. 웬만큼 수입도 보장받고 있던 사람이다. 그런데 지금 이 사람은 KBS에서 수화 전담자로 일하고 있다. 물론 농아(聾啞)인들을 돌보고 있기도 하다. 이 청년의 고백을 잠깐 옮겨 본다.

"교회에서 율동을 가르치기 위하여 수화를 배워 보기로 했습니다. 그런데 이 수화는 흥미의 대상이 아니었고, 수화를 통하여 농아인들의 아픔을 느끼게 되었습니다. 소리내지도 못하고 슬픔을 삭이는 그 사람들을 볼 때마다 나의 마음은 멍이 들어 왔습니다. 그들을 볼 때마다 나는 누구인가를 수없이 물어보았습니다. 사는 목적이 무엇인지를 끊임없이 생각해 보았습니다. 어느 날 잠언의 말씀이 내 마음을 울렸습니다. '사람이 자기의 길을 계획할지라도 그 걸음을 인도하시는 자는 여호와시니라'(잠 16:9). 그래서 나의 모든 육체가 나의 것이 아니라 빌려온 것이며 나의 삶 역시 빌려온 삶이라는 것을 느꼈습니다."

이 청년은 즉시 다니던 직장을 그만두고 농아들 몇 명이 지켜보는 가운데 농아인인 아내와 결혼식을 올렸다. 그리고 15년을 한결같이 농아들을 돌보는 일을 계속 하고 있다. 그러다가 그가 텔레비전의 프로그램에 수화로 통역을 하기 위하여 대타로 나간 후에 많은 농아들이 이 청년의 수화를 보기를 원했다. 그 이유는 그의 수화手話에는 표정이 있다는 것이었다.

이것이 오늘 내가 하고 싶은 이야기의 요점이다. 수화에도 표정이 있다는 것.

정택진이라는 청년이 얼마나 희생적인 삶을 사는지 혹은 아무나 흉내낼 수 없는 삶을 사는지를 말하는 것이 아니다. 왜냐하면 모든 사람이 다 그렇게 사는 것만이 옳은 삶이라고 단정할 수는 없는 것이기 때문이다. 사람들은 다 자기의 은사가 다르기 때문이다. 또 이 청년만 그렇게 희생하고 사는 것이 아니라 알려지지 않은 많은 사람들의 숨은 희생이 있기 때문이다.

중요한 것은 우리의 작은 표정, 간단한 말 속에서도 사람들은 우리의 마음을 본다는 것이다. 많은 농아인들에게 많은 사람이 수화로 말을 했을 것이다. 그러나 그 단순한 수화 속에서 그들은 자신들을 향한 간절한 감정 — 그것이 사랑이라고 해도 좋다 — 을 느꼈다는 점이다.

거창한 구호를 말하면서 착하게 살자, 바르게 살자는 캠페인이 중요한 것이 아니다. 주위의 사람들에게 뭔가를 느끼게 하고 마음을 풍성하게 하는 우리의 작은 몸짓이 우리의 마음에서 시작된다는 것이다.

의미 意味

마흔이면 불혹의 나이라고 한다. 인생의 단맛과 쓴맛을 맛볼 만큼 맛보았다는 말일 것이다. 또 다른 의미로는 웬만한 일에는 마음이 요동치는 법이 없다는 것이 포함되어 있다. 조금 부정적인 뜻으로는 세상 사는 일이 그렇고 그런 것이라는 냉소적인 뜻도 담겨 있을 것이다. 이런 말도 마흔이 넘은 사람들만이 할 수 있을 것이다. 마흔이 넘었다는 것은 허무의 의미를 조금씩 느끼는 나이가 되었다는 것이다. 어느 순간 내 주위를 돌아보면 아이들도 다 떠나고 없어서 왠지 마음이 허전하기도 하다. 또 무엇인가 이루어야 할 나이인데 도무지 이루어 놓은 일이 없다는 생각이 더욱 우리의 마음을 허전하게 만든다.

그런데 마흔의 허무, 이것은 참으로 인생을 또 다른 모습으로 만들어 간다. 평생을 쫓기고 쫓는 전쟁터에서 살았던 다윗 왕은 마흔에 들어서서 또 다른 허무를 느끼고 그것을 채우기 위한 몸부림을 했다. 물론 몸살을 앓으면서, 인생의 실패와 죄절을 겪었다. 그러나 그는 그 가운데서 또 다른 삶의 의미를 찾아내기도 했다. 『삼국지』의 유비 역시 마흔에 들어서서 촉한蜀漢을 세우고 나서 인생의 허무를 느끼고 세월을 낭비했다. 제갈공명이 이를 지적하자, 그는 새로운 의미를 찾는 일을 도모했다.

나도 마흔이라는 시간을 지나고 쉰이라는 나이에 들어섰다. 지나온 마흔의 시간들을 돌이켜 보면서 나름대로 허무를 느끼기도 하고 그것을 이기기 위해 몸부림을 치기도 했다. 그 안에는 극심한 절망감과 좌절도 있었다. 그것은 내가 의미를 갖고 있던 사람들로부터 오는 배신감 같은 것도 있었고, 내가 그토록 열심히 힘을 쏟은 것들이 아무런 의미 없는 결과를 갖고 왔기 때문이기도 하다. 그런데 그 때는 그런 과정이 나에게만 있다고 생각하고 다른 사람에게는 없다고 생각했다. 그래서 더 힘들었다. 오십의 문턱을 지나가는 지금, 나는 그 허무의 시기를 지나왔다는 안도감을 느낀다. 그리고 인생이 다 그런 거라는 말을 할 나이가 되었다.

그 과정에서 깨달은 것이 있다. 하나님은 허무한 마음이 없었을까? 의미를 두었던 인간들에게서 끝없이 배신을 당하실 때 하나님의 마음은 어떠했을까? 하나님은 그 허무를 어떻게 이겨내실까? 혹시 하나님도 십자가의 고난을 겪으시면서, 그 후에 인생들을 보시면서 허무한 마음이 없었을까? 나는 하나님에게 어떤 의미였을까? 나는 하나님에게 허무의 대상은 아니었을까?

믿는 도끼에 발등을 찍힌다는 말이 있는데 나는 어땠을까?

때로는 쉬고 싶은 때도 있는 법이다

오늘은 글을 쓰는 것이 유난히도 어렵다. 일주일 동안 글을 써야 한다고 생각은 했지만 도무지 무슨 주제로 글을 써야 할지 전혀 소재도 발견되지 않고 머리가 그냥 복잡하기만 하다. 그냥 한 주간을 건너뛰고 싶은 생각이 들기도 한다. 무엇이든지 억지로 하게 되면 효과도 없고 체하기도 하는데….

글을 쓴다는 것이 그리 쉬운 일은 아니다. 더구나 자기가 쓰고 싶을 때 쓰는 것도 아니고 주어진 시간에 제한된 지면에 글을 쓴다는 것은 더욱이 어렵다. 16절지의 절반이라는 공간을 메우는 일이 얼마나 어려운지는 글을 써 본 사람만이 알 수 있는 일이다. 15년 전에 공식적인 지면에 활자화되는 글을 처음 쓰기 시작했다. 성서유니온이라는 출판사에서 발행하는 큐티 가이드인 매일성경에 글을 쓰기 시작하면서 웬만하면 글을 쓰는 것을 시작하지 말아야겠다고 생각했던 적이 있다. 원고지 한 장을 메우는 것이 얼마나 어려운지 늘 원고를 써야 하는 기한에 맞추지 못한 기억이 지금도 있다. 아마 모르긴 해도 편집하는 분이 굉장히 애탔을 것이다. 그래도 그 글을 쓰기 위하여 기도원에 일주일 혹은 이주일씩 갔던 일들이 지금도 기억에 새롭다.

혹자는 나에게 이런 말을 하고 싶을 수도 있다. "목사님, 그 어려운 일을 뭐하러 하십니까?" 그런데 이런 일을 하는 것도 나름대로 사명이 있어야 한다는 것이다. 왜냐하면 누군가는 그 글을 기다리고 있기 때문이다. 주일 예배 때 사람들이 오늘은 목사님께서 무슨 설교를 어떻게 하실 것인가 하고 기대하는 것처럼…. 뭐 그 설교가 잘해서라기보다는 매 주일마다 형편없는 설교지만 혹시 오늘은 은혜로운 설교를 하지 않을까 하는 이런 기대 말이다. 그런데 때로는 형편없는 설교에도 한두 사람쯤은 은혜를 받기도 하니까 전혀 소득이 없는 것은 아니다.

아마도 글을 쓰는 것이 힘들어도 중단하지 못하는 이유도 그런 것 같다. 그런데 때로는 너무 힘들어서 쉬고 싶을 때도 있는 것을 이해했으면 좋겠다. 단지 피곤하다는 이유 때문이 아니라 새로운 영적 충족이 필요하기 때문이다. 어릴 적에 우리는 우물에서 물을 길어 먹었다. 집집마다 우물이 있는 것이 아니어서 물이 풍성할 때가 거의 없었던 것 같다. 그래서 물이 고일 때까지 기다리곤 했다.

기다려 주는 것처럼 귀한 은사는 없다. 그러나 그 기다림은 또 다른 시원한 물을 얻기 위함이라는 사실을 우리는 기억해야 한다. 날마다 목사가 은혜로운 설교를 펑펑 한다면야 더할 나위 없이 좋은 일이겠지만 그렇지 못한 것도 현실이다. 기다려 주는 교인들이 있다는 것은 목사에게 큰 힘이 되고 위로가 된다. 몇 달 동안 영적 고갈로 인해서 목사 자신도 충족되지 못한 갈급함이 있었는데 잘 참고 기다려 준 교인들에게 참으로 감사하다.

변화를 보는 즐거움

며칠 동안 비바람이 불었다.

교회 사무실에서 밖을 내다본들 자그마한 창문을 통해서 보이는 것은 창을 때리는 비뿐이다.

하루 종일 사무실에 있다가 집에 가기 위하여 밖에 나가서 차를 타고 차를 천천히 돌리는 순간 내 눈에 확 들어오는 것이 있었다. 울타리에 활짝 피어 있는 아몬드 나무의 꽃들이었다. 그저 조금씩 꽃이 핀다는 생각만 했지 이렇게 활짝 피어 있는 모습은 처음 보았다. 비가 그렇게 요란스럽게 왔는데, 그렇게 요란하게 바람이 몰아쳤는데, 그 속에서도 꽃은 활짝 피고 있었던 것이다. 깨끗하게 포장되어 있는 파킹랏과 어우러져 꽃들이 청명하게 피어 있는 모습이 매우 아름답게 조화를 이루고 있다. 울타리에 심겨진 나무가 잘 정돈되어서 심어진 것이 아닌데 우리의 기대보다도 더 아름다운 조화를 이루고 있다. 한겨울에는 꽃도 없고 잎도 다 떨어져서 앙상해 보이던 나무가 봄이 오니까 저렇듯 풍성한 아름다움을 보이게 된다.

봄이 왔다.

옷깃을 움츠리고 추위에 떨었지만 그 가운데 어느새 봄이 오고 있었다. 우리가 움츠리고 있는 동안 세상은 자신의 생명력을 펼치기 위한 나름대로의 준비들을 하고 있었던 것이다. 우리가 보지 못하고 알지 못했던 것뿐이다.

그렇다. 생명이란 우리가 알지 못하는 사이에 자라고 있는 것이다. 우리가 볼 때는 앙상해 보이던 나무이지만 그 속에서 아름다운 꽃을 피우고 있듯이, 우리 인간의 자라남도 그와 같을 것이다. 우리가 볼 때는 형편없어 보이는 것들도 그 속에는 나름대로 아름다움을 간직하고 있는 것이다. 우리가 안달하고 애써도 우리 마음대로 꽃을 피우게 할 수는 없는 일이 아니던가? 하나님이 정하신 때를 따라 제각각 자기가 서 있는 곳에서 자기의 모습대로 살게 되어 있는 하나님의 이치를 우리는 우리의 조급함 때문에 보지 못하는 것일 뿐이다.

때가 되니까 변한다. 그리고 열매도 맺는다.

엘리야가 이세벨의 핍박을 피해 가다가 로뎀나무 밑에서 지쳐 쓰러져 "나를 차라리 죽이십시요"하고 탄식하고 있을 때에 하나님은 그를 이끌어 모세가 섰던 동굴에 세우시고 모세가 보았던 하나님의 은혜와 섭리를 보게 하셨다. 그 때까지 보지 못하던 엘리야의 눈을 뜨게 하시고 또 다른 생명이 있는 7,000명의 하나님의 백성들의 수를 보게 하시지 않았던가? 하나님의 때를 보는 것이 바로 변화를 보는 즐거움이다.

오늘도 우리의 주위에는 여전히 — 우리의 눈으로 볼 때에 — 콧물 흘리고 사람 노릇 못하는 어린 사람들의 모습들이 있다. 그러나 그것은 우리의 생각이다. 하나님께서 변화시키실 그 때와 방법을 보는 것이 영적으로 눈을 뜨는 것이 아닐까?

우산을 받쳐주는 사람, 함께 비 맞아주는 사람

초판 발행 | 2006년 10월 12일

지은이 | 김종인
펴낸이 | 임만호
펴낸곳 | 크리스챤 서적

등록 | 제16-2770호(2002.7.23)
주소 | 135-092 서울 강남구 삼성2동 38-13
전화 | 02)544-3468~9
FAX | 02)511-3920
ⓒ 김종인, 2006

Printed in Korea
ISBN 89-478-0214-X   03230

정가 8,000원